首都圏版⑱ 使いやすい！教えやすい！家庭学習に最適の問題集！

星美学園小学校

2021年度版

過去問題集

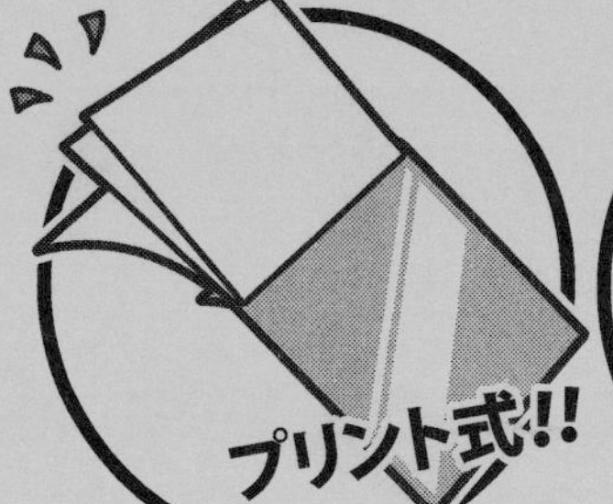

<問題集の効果的な使い方>

①お子さまの学習を始める前に、まずは保護者の方が「入試問題」の傾向や、どの程度難しいか把握します。もちろん、すべての「学習のポイント」にも目を通してください

②各分野の学習を先に行い、基礎学力を養いましょう！

③「力が付いてきたら」と思ったら「過去問題」にチャレンジ！

④お子さまの得意・苦手がわかったら、その分野の学習をすすめ、全体的なレベルアップを図りましょう！

合格のための問題集

星美学園小学校

お話の記憶	お話の記憶問題集 中級編
記憶	Ｊｒ・ウォッチャー20「見る記憶・聴く記憶」
図形	Ｊｒ・ウォッチャー54「図形の構成」
言語	Ｊｒ・ウォッチャー60「言葉の音（おん）」
制作	実践 ゆびさきトレーニング① ②

全40問

昨年度実施の過去問題 ＋ それ以前の特徴的な問題 を収録!!

日本学習図書 ニチガク

ニチガク式学習支援!!

日本学習図書（ニチガク）

こんなこと…ありませんか？

「ニチガクの問題集…買ったはいいけど、、、
この問題の教え方がわからない（汗）」

メールでお悩み解決します！

- ☆ ホームページ内の専用フォームで必要事項を入力！
- ☆ 教え方に困っているニチガクの問題を教えてください！
- ☆ 確認終了後、具体的な指導方法をメールでご返信！
- ☆ 全国どこでも！ スマホでも！ ぜひご活用ください！

＜質問回答例＞

学習のポイント

推理分野の学習では、後の学習に活きる思考力を養うことができます。ご家庭で指導する場合にも、テクニックにたよらず、保護者の方が先に基本的な考え方を理解した上で、お子さまによく考えさせることを大切にして指導してください。

Q.「お子さまによく考えさせることを大切にして指導してください」と学習のポイントにありますが、考える習慣をつけさせるためには、具体的にどのようにしたらいいですか？

A.お子さまが考える時間を持てるように、質問の仕方と、タイミングに工夫をしてみてください。
たとえば、「答えはあっているけど、どうやってその答えを見つけたの」「答えは○○なんだけど、どうしてだと思う？」という感じです。はじめのうちは、「必ず 30 秒考えてから手を動かす」などのルールを決める方法もおすすめです。

まずは、ホームページへアクセスしてください!!

http://www.nichigaku.jp　日本学習図書　検索

目指せ！合格！

家庭学習ガイド
星美学園小学校

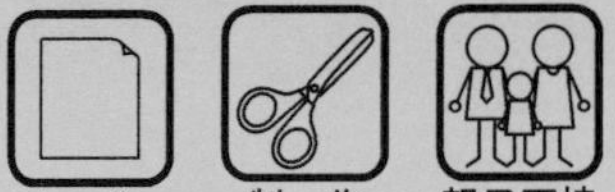

入試情報

応募者数：男子 132 名　女子 151 名
出題形態：ペーパーテスト
面　　接：保護者・志願者
出題領域：ペーパー（数量・推理・図形・記憶・常識 など）、制作

入試対策

2020年度の入試は例年通り、ペーパーテスト・面接（志願者・保護者）という内容で行われました。ペーパーテストは、数量、推理、図形、記憶、常識など多分野からの出題です。問題はそれほど複雑ではありませんが、解答時間が平均より短いので、ある程度準備が必要な入試内容と言えるでしょう。問題内容は理解力や年齢相応の知識・観察力が求められる標準的な小学校入試と言っていいでしょう。ここ数年は、お話の記憶と見る記憶についての問題が、両方出題されています。また、本校の特徴的な問題として、行動推理の問題があります。これは、その場にいない人の行動を考えなければいけない、少し難しい問題です。

- 2020 年度のペーパーテストでは、数量分野が多く出題されている傾向がありました。推量分野以外の問題でも出題されていることから重視されていると言えるでしょう。
- 全体の問題数が多く、各問の解答時間も短いため、解答時間内で解答できる練習を積んでおくことが大切です。
- 面接では、保護者に対して、出身校や子どもといっしょにいる時間、仕事、趣味、キリスト教の学校についての考え、といったさまざまな内容が質問されます。ある程度準備をしておきましょう。

必要とされる力 ベスト6

チャートで早わかり！

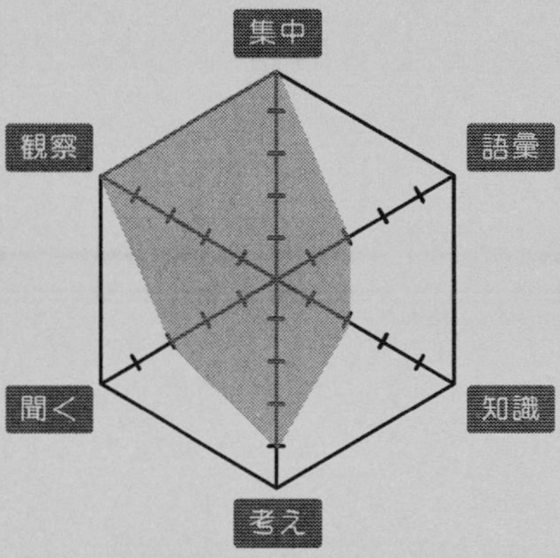

特に求められた力を集計し、左図にまとめました。
下図は各アイコンの説明です。

	アイコンの説明
集中	集　中　力…他のことに惑わされず１つのことに注意を向けて取り組む力
観察	観　察　力…２つのものの違いや詳細な部分に気付く力
聞く	聞　く　力…複雑な指示や長いお話を理解する力
考え	考える力…「～だから～だ」という思考ができる力
話す	話　す　力…自分の意志を伝え、人の意図を理解する力
語彙	語　彙　力…年齢相応の言葉を知っている力
創造	創　造　力…表現する力
公衆	公衆道徳…公衆場面におけるマナー、生活知識
知識	知　　　識…動植物、季節、一般常識の知識
協調	協　調　性…集団行動の中で、積極的かつ他人を思いやって行動する力

※各「力」の詳しい学習方法などは、ホームページに掲載してありますのでご覧ください。http://www.nichigaku.jp

「星美学園小学校」について

〈合格のためのアドバイス〉

当校は、聖ドン・ボスコが提唱した予防教育法を柱に日々の教育活動が行われています。志望される方は、予防教育がどのような内容かをきちんと理解する必要があります。あえて要約するなら、人とのかかわりに重きをおいている教育ということになるのですが、とても全体像を一言で言い表わせません。

当校は、試験の内容を数回の説明会において徐々に明らかにしていきます。ですから、当校を志望される方は本書をしっかりと分析し、どのような力が求められているのかを把握するとともに、説明会や学校行事などにその都度参加し、情報収集を怠らないようにしてください。

ペーパーテストは、**数量**、**推理**、**図形**、**記憶**、**常識**などの分野が出題されました。記憶力・観察力が問われるのが特徴的です。また、推理力・思考力を使う問題も出題されています。広範囲に渡る出題ですが、ペーパー学習だけでなく実体験や具体物を使った学習で基礎をしっかりと築いておくようにしましょう。

面接は、志願者に対する質問に多くの時間を費やし、家族や幼稚園について聞かれます。思ったことに対して自信を持ち、その自信が伝わるように話しましょう。

そのほかの観点では、整理整頓、お友だちとのかかわり方、よい生活習慣が身に付いているかがあります。よい生活習慣をお子さまが自分で行えるようにするためには、どうすればよいか保護者の方が考えてみましょう。すると日々の生活の中に多くのヒントが隠されていることがわかります。保護者の方がヒントを見つけ、それを子どもにきちんと伝えているかどうか、と学校は捉えています。そういったところで保護者の子育て、躾面での影響が大きく反映されることから、入学試験において保護者の役割は大きいと言わざるを得ません。

〈2020 年度選考〉

◆保護者・志願者面接
◆ペーパーテスト
◆制作

◇過去の応募状況

2020 年度	男子 132 名	女子 151 名
2019 年度	男子 142 名	女子 137 名
2018 年度	男子 119 名	女子 96 名

入試のチェックポイント

◇受験番号は…「ランダムに決める」
◇生まれ月の考慮…「あり」

〈本書掲載分以外の過去問題〉

◆推理：動物の足あとから、家に入った順番を答える［2014 年度］
◆図形：お手本と同じになるように、点を線でつなぐ［2014 年度］
◆運動：12 人にわかれて、ケンケン競争・忍者走り・大縄跳びをする［2015 年度］
◆常識：冬におこなう行事・皮と中身が違う食べ物を選ぶ［2015 年度］
◆知覚：決められた数の色板を使って、お手本の形を作る［2015 年度］

(得) 先輩ママたちの声！

◆実際に受験をされた方からのアドバイスです。
ぜひ参考にしてください。

星美学園小学校

・面接まで15分くらい待ちました。面接そのものも15分くらいでした。子どもがその時間で緊張してしまうので、緊張をほぐすおまじないなどを考えておくとよいと思います。

・面接前は私も主人も緊張していましたが、息子は意外にも平気そうでした。シスターがとても優しく接してくださったおかげだと思います。

・１人ひとりをしっかりと観るテストです。しっかりと対策をしたほうが良いと思いました。

・何回来校したかをたずねるアンケートがあるので、説明会や公開行事にはできるだけ参加したほうがよいと思います。

・説明会では聖歌隊が歌ってくれました。皆様の歌唱が素晴らしく、我が子をここへ入学させたいという気持ちが強くなりました。

星美学園小学校
過去問題集

〈はじめに〉

現在、少子化が叫ばれているにもかかわらず、私立・国立小学校の入学試験には一定の応募者があります。入試は、ただやみくもに学習するだけでは成果を得ることはできません。志望校の過去における出題傾向を研究・把握した上で、練習を進めていくこと、その上で試験までに志願者の不得意分野を克服していくことが必須条件です。そこで、本問題集は小学校を受験される方々に、志望校の出題傾向をより詳しく知って頂くために、過去に遡り出題頻度の高い問題を結集いたしました。最新のデータを含む精選された過去問題集で実力をお付けください。

また、志望校の選択には弊社発行の「2021年度版　首都圏・東日本　国立・私立小学校　進学のてびき」（4月下旬刊行予定）をぜひ参考になさってください。

〈本書ご使用方法〉

◆出題者は出題前に一度問題を通読し、出題内容などを把握した上で、〈 準 備 〉の欄に表記してあるものを用意してから始めてください。
◆お子さまに絵の頁を渡し、出題者が問題文を読む形式で出題してください。問題を読んだ後で、絵の頁を渡す問題もありますのでご注意ください。
◆「分野」は、問題の分野を表しています。弊社の問題集の分野に対応していますので、復習の際の目安にお役立てください。
◆問題番号右端のアイコンは、各問題に必要な力を表しています。詳しくは、アドバイス頁（ピンク色の１枚目下部）をご覧ください。
◆一部の描画や工作、常識等の問題については、解答が省略されているものがあります。お子さまの答えが成り立つか、出題者が各自でご判断ください。
◆〈 時 間 〉につきましては、目安とお考えください。
◆［〇年度］は、問題の出題年度です。［2020年度］は、「2019年の秋から冬にかけて行われた2020年度志望者向けの考査の問題」という意味です。
◆学習のポイントは、指導の際にご参考にしてください。
◆【おすすめ問題集】は各問題の基礎力養成や実力アップにご使用ください。

〈本書ご使用にあたっての注意点〉

◆文中に **この問題の絵は縦に使用してください。** と記載してある問題の絵は縦にしてお使いください。
◆〈 準 備 〉の欄で、クレヨンと表記してある場合は12色程度のものを、画用紙と表記してある場合は白い画用紙をご用意ください。
◆文中に **この問題の絵はありません。** と記載してある問題には絵の頁がありませんので、ご注意ください。なお、問題の絵の右上にある番号が連番でなくても、中央下の頁番号が連番の場合は落丁ではありません。

下記一覧表の●が付いている問題は絵がありません。

問題１	問題２	問題３	問題４	問題５	問題６	問題７	問題８	問題９	問題10
問題11	問題12	問題13	問題14	問題15	問題16	問題17	問題18	問題19	問題20
				●					
問題21	問題22	問題23	問題24	問題25	問題26	問題27	問題28	問題29	問題30
問題31	問題32	問題33	問題34	問題35	問題36	問題37	問題38	問題39	問題40

◎学習効果を上げるため、前掲の「家庭学習ガイド」及び「合格のためのアドバイス」をお読みになり、各校が実施する入試の出題傾向を、よく把握した上で問題に取り組んでください。
※冒頭の「本書ご使用方法」「ご使用にあたっての注意点」も併せてご覧ください。

〈星美学園小学校〉

2020年度の最新問題

問題1　分野：推理（比較）

観察　考え

〈準 備〉　鉛筆

〈問 題〉　さまざまな長さの線が３本あります。この中で線が１番長いものに○を、１番短いものに△をつけましょう。

〈時 間〉　10秒

〈解 答〉　下図参照

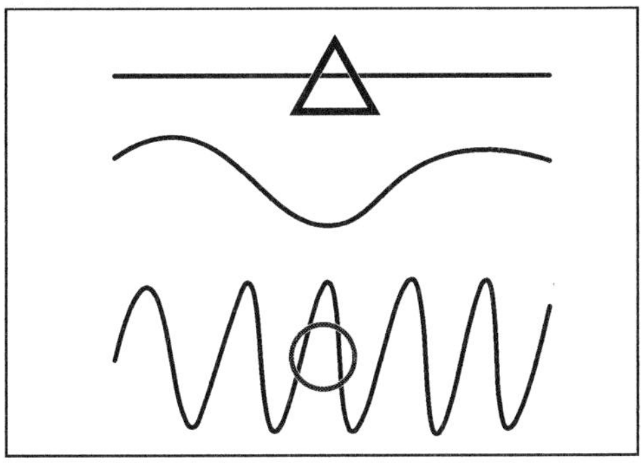

［2020年度出題］

学習のポイント

当校の入試は、推理分野からの出題が多いことが特徴の１つです。観察力、思考力が入試全体の観点となっているということでしょう。問題自体はそれほど難しくないので、指示をよく聞いて、絵をよく見て、よく考えてから答えを選べば、それほど大きな間違いはしないはずです。この問題は３本の線の長さを比較する問題です。直感で答えのわかるお子さまも多いとは思いますが、ここでも指示をよく聞き、絵を観察し、考えてから解答を記入しましょう。２点を結ぶ線は直線が１番短く、曲線の部分が大きいほど、線は長くなるという理屈はたいていのお子さまがわかっていると思います。もし、この問題で悩むようであれば、その理屈があやふやで確信が持てないということでしょう。小学校入試に臨む年齢のお子さまが自信を持って答えるには、経験が必要です。ここでもひもを使ってこの問題のイラストを再現してみてください。一度それを見れば、お子さまは理屈が実感でき、同じような問題なら自信を持って答えることができるでしょう。

【おすすめ問題集】

Ｊｒ・ウォッチャー15「比較」、58「比較②」

問題2　分野：数量（数の増減）

観察　考え

〈準　備〉　鉛筆

〈問　題〉　上の列と下の列に数が違ったリンゴがあります。
それぞれのリンゴが10個になるように線を結びましょう。

〈時　間〉　30秒

〈解　答〉　下図参照

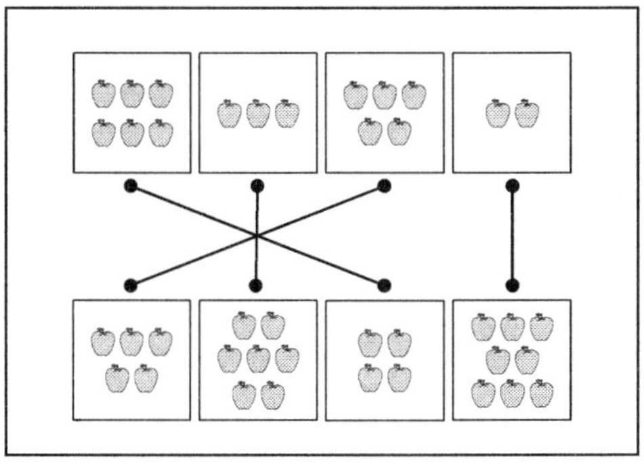

［2020年度出題］

学習のポイント

当校では、数量の問題が毎年出題されています。その中でも数のたし算・ひき算の問題は頻出の分野です。この問題はその中でも基礎的なもので、上の段のリンゴと下の段のリンゴをたすと合計で10個になるものを選んで線を結ぶというものです。この問題のポイントは、四角の中のリンゴの個数を「一目で」判断できるかどうかです。小学校受験では１０までの数のものなら、一目見てその個数がわかるということを前提として出題されています。この問題の解答時間も30秒と短く、線を引くという作業があることを考えれば、指を折って数えたり、絵に印を付けたりする時間がないことがわかります。この「一目で数を判断する能力」ですが、決して持って生まれるものではなく、同じような問題を数多く解いたり、ブロック、おはじきといったものを数えるという経験を積んでこそ身に付くものです。しかも経験を数多く積むほど、そのスピードと精度が上がってきます。保護者の方は生活の中でできるだけ多くの機会をお子さまに与えるようにしてください。

【おすすめ問題集】

Ｊｒ・ウォッチャー38「たし算・ひき算1」、39「たし算・ひき算2」

問題3　分野：推理（位置）

観察　集中

〈準備〉　鉛筆

〈問題〉　動物の絵が描かれたマスがあります。
今から指示を出すので、その動物に印をつけてください。
①1番右で、上から2番目の動物に○をつけましょう。
②左から3番目で、1番下の動物に×をつけましょう。

〈時間〉　各10秒

〈解答〉　①○：ブタ　②×：コアラ

[2020年度出題]

学習のポイント

口頭で指示を受けて、その通りの箇所に記号をつけるという問題です。指示が簡単なので間違えがあるとすれば、使う記号を間違えてしまったり、早合点や勘違いで問題を聞いている途中でわかったと決めつけて答えるということでしょう。日ごろの学習で、最後まで指示を聞き、それから解答するということを徹底させてください。最後まで指示を聞くということは当校の試験の観点になっている「しっかり聞く力」に通じるものです。ところで、お子さまとの会話の中で「右から～番目」「上から～番目」といった表現を使うことがあるでしょうか。もっと曖昧な表現を使っていることが多いと思います。「冷蔵庫の中のおかずをチンして食べてね」といった感じです。小学校受験では、座標と言いますが、「上から2番目で右から3番目の点」といった表現を使って指示されることが多いので注意してください。生活の中で意識して使うようにすれば戸惑うこともないでしょう。

【おすすめ問題集】
ウォッチャーズアレンジ1～聞き取り力UP編～

問題4　分野：数量・系列

観察　考え

〈準備〉　鉛筆

〈問題〉　ミカンの絵が描かれているマスがあります。それぞれ、ある約束で並んでいます。空いているマスにはミカンがいくつ入るでしょうか。その数だけマスに○を書いてください。

〈時間〉　20秒

〈解答〉　①○：4　②○：5

[2020年度出題]

学習のポイント

本問はいわゆる「系列」の問題です。系列は、記号やイラストの並び方の法則性を発見するものですが、その考えを理解していないとその法則性がなかなか発見できません。「法則を発見する」とお子さまに言ってもなかなか理解はできません。まずは「○△□」といった程度の簡単な系列の問題をいくつか解いてみましょう。何に注目し、どのように考えるかを理解させるのです。その上で実際の試験で出された問題に取り組んだ方が「系列」という問題がわかるはずです。「系列」の問題は、問題に答えるためのハウツーもありますが、それではお子さま自身で法則性を発見することはできません。ハウツーを使わずに法則性を自ら見つけることで、さまざまな物事に対してじっくりと観ようとする意識が芽生えます。その意識は試験が終わった入学後でも活かすことができます。大切なのは、試験に合格するために学習するのではなく、試験後にも活かす力を育てるために学習することです。

【おすすめ問題集】

Ｊｒ・ウォッチャー６「系列」

問題５　分野：図形（点・線図形）

観察　集中

〈準 備〉　鉛筆

〈問 題〉　お手本の絵と同じ形になるように、点と点を線で結んでください。

〈時 間〉　１分30秒

〈解 答〉　省略

［2020年度出題］

家庭学習のコツ①　「先輩ママのアドバイス」を読みましょう！

本書冒頭の「先輩ママのアドバイス」には、実際に試験を経験された方の貴重なお話が掲載されています。対策学習への取り組み方だけでなく、試験場の雰囲気や会場での過ごし方、お子さまの健康管理、家庭学習の方法など、さまざまなことがらについてのアドバイスもあります。先輩ママの体験談、アドバイスに学び、ステップアップを図りましょう！

学習のポイント

当校の図形分野の問題は、毎年４問程度、さまざまなバリエーションで出題されており、図形分野全般に対する幅広い学習が必要とされます。この点・線図形の問題では、位置や座標を正確にとらえ、それに沿って線を引くという単純な問題です。１つひとつの点を結ぶ時は次の点が今引いた点から上下、左右にいくつずつ進んだところにあるのか確認してから線を引くようにするとよいでしょう。そうするときれいに線を引くことができます。きれいに線を引くことはあまり試験に関係ないのでは？　と思っている保護者の方は多いと思います。しかし本問のように簡単で間違えにくい問題はほかの志願者も間違えません。正確なのは当たり前として、ていねいに取り組んで、余裕を持って取り組んだということを見せるために、きれいに線を引いてもよいのではないか、と個人的には思います。

【おすすめ問題集】

Ｊｒ・ウォッチャー1「点・線図形」、51「運筆①」、52「運筆②」

問題6　分野：複合（回転図形・四方からの観察）

観察　考え

〈準備〉　鉛筆

〈問題〉　①②左の四角の形を回転させたもので正しい形に○をつけてください。
③④左の四角の絵に描いてあるものを真後ろから見るとどうなるでしょう。
絵で正しいものに○をつけてください。

〈時間〉　①②各10秒　③④各20秒

〈解答〉　①右端　②右から２番目　③右端　④右端

[2020年度出題]

家庭学習のコツ②　「家庭学習ガイド」はママの味方！

問題演習を始める前に、試験の概要をまとめた「家庭学習ガイド（本書カラーページに掲載）」を読みましょう。「家庭学習ガイド」には、応募者数や試験課目の詳細のほか、学習を進める上で重要な情報が掲載されています。それらの情報で入試の傾向をつかみ、学習の方針を立ててから、対策学習を始めてください。

学習のポイント

本年度も、回転図形と四方からの観察の問題が出題されました。特に回転図形は当校入試でよく見かける問題です。ほとんどの場合、「右（左）に何回、回転したものを～選びなさい」といった出題ですが、本問の場合は「～回まわす」という条件がないので、何回まわっているかも考えながら、１つひとつの図形の違いを比較することになります。③④は少し変わった出題ですが、「四方からの観察」の問題です。ここでは絵に具体的にどこから見ているという様子が描かれていません。ふつうは動物や人がここから見ているという様子があるのですが、それはなく、「真後ろから見るとどのように見えるか」という指示だけです。お子さまには少し難しいかもしれませんから、答えにくい様子でしたら、ヒントとして後ろから見ている人の絵、もしくは視線の矢印を絵に描いてみてください。具体的になれば少しはイメージも湧きやすくなるのではないでしょうか。

【おすすめ問題集】

Ｊｒ・ウォッチャー10「四方からの観察」、46「回転図形」

問題7　分野：図形（図形の構成）

観察　考え

〈準 備〉　鉛筆

〈問 題〉　この問題の絵は縦に使用してください。
線路をすべてつなげるためには、どの線路を使えばよいですか。
①○のところに当てはまる線路を下の４つの四角の中から選んで、○をつけてください。
②△と×のところに当てはまる線路をそれぞれ選んで、△と×をつけてください。向きを変えても構いません。

〈時 間〉　各10秒

〈解 答〉　下図参照

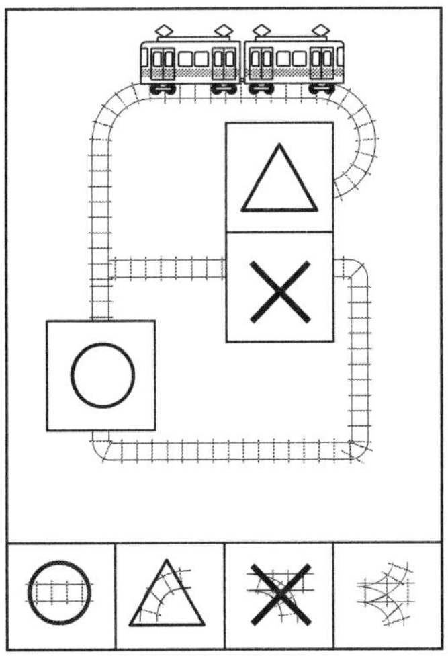

［2020年度出題］

学習のポイント

この問題は電車が走る線路であてはまるものを下の四角の中から選ぶ問題です。図形の構成としてはあまり見かけない問題ですが、考え方はほかの図形の構成の問題と同じです。注意すべきことは１つです。「（周りと）矛盾しない形を選ぶ」ということだけです。矛盾しない形を選ぶにはその図形をハサミで切り取って当てはめればよいのですが、試験でそんなことはできません。頭の中で選択肢の図形（線路）を○、×、△の描いてある四角に移動させる必要が出てきます。そして、この「形（選択肢）を移動させる」ことができるかどうかが、この問題の観点、本当に確かめたいことなのです。ここまでの図形分野の問題を見た保護者の方はお気付きとは思いますが、小学校受験の図形の問題は、図形が変化した（回転したら、鏡に映ったらなど）時、どのようになるか（見えるか）という問題がほとんどです。後は基本的な図形に関する知識、例えば同じ三角形を２つ組み合わせると四角形になるといったことを覚えていれば、たいていの問題には答えられます。図形分野が苦手というお子さまはまず、頭で図形をイメージする練習をしてみましょう。

【おすすめ問題集】

Ｊｒ・ウォッチャー54「図形の構成」

問題８　分野：図形（パズル）

観察　集中

〈準 備〉　鉛筆

〈問 題〉　左の四角にある形を作るために正しい組み合わせを右の４つの四角の中から選んでください。

〈時 間〉　各20秒

〈解 答〉　①右端　②左端　③左から２番目

［2020年度出題］

学習のポイント

本問は左の図形がどのようなパーツを使って組み立てられているか、正しいものを答えるという問題です。見本の図形もあまり複雑ではないので、難しくありません。間違えるとするならばよく考えず、パッと見ただけで「これだ！」と直感で答えてしまうことでしょう。繰り返しになりますが、小学校受験の図形の問題は、図形が変化した時、どのようになるか（見えるか）という問題がほとんどですから、「見本の形を作った時に矛盾がないもの」を選ぶという以外の解き方はないのです。図形の変化をイメージすることを「図形を操作する」と言いますが、これがスムーズにできるようになれば、ほとんどの問題が時間内に答えられるようになります。そして、図形の操作は繰り返し学習することによって身に付くもので、お子さまの持って生まれた才能ではありません。同じような問題に取り組む、パズルなど手で触れられるもので遊ぶなど、経験を通して身に付くものなのです。

【おすすめ問題集】

Ｊｒ・ウォッチャー３「パズル」、54「図形の構成」

問題9　分野：推理

観察　集中

〈準備〉　鉛筆

〈問題〉　絵を見てください。
１本のひもを絵のようにハサミで切ると、ひもは何本になるでしょうか。
切った時のひもの数だけ○を右の四角の中に書いてください。

〈時間〉　各15秒

〈解答〉　①○：４　②○：９

［2020年度出題］

学習のポイント

絵の通りにひもを切ると何本になるのかを推理する問題です。本問で、間違えやすい箇所は②の問題のひもがクルンと回転しているところでしょう。ここでつまずいてしまう人とつまずかない人がいると思いますが、その違いはハサミを使った経験をしているかどうかです。実際にその経験があれば、イメージできます。実物を使った学習は結果だけではなく、その過程まで記憶に残ります。こうした推理分野の問題なら、ペーパーの問題を解くよりも印象に残るでしょう。「重なったひもを１ヶ所切るのは重なっていないひもを２ヶ所切るのと同じ」と説明するよりは実際にひもを切る様子を見せた方がお子さまにはわかりやすく、記憶に残るということです。この問題に限らず、お子さまが問題の答えに納得しないなら、できる限り実物や手に触れられるものを使って説明してください。その方が理解が深まるだけなく、将来につながる学習になります。

【おすすめ問題集】
Ｊｒ・ウォッチャー14「数える」、15「比較」、31「推理思考」

家庭学習のコツ③　効果的な学習方法～問題集を通読する

過去問題集を始めるにあたり、いきなり問題に取り組んではいませんか？　それでは本書を有効活用しているとは言えません。まず、保護者の方が、すべてを一通り読み、当校の傾向、ポイント、問題のアドバイスを頭に入れてください。そうすることにより、保護者の方の指導力がアップします。また、日常生活のさまざまなことから、保護者の方自身が「作問」することができるようになっていきます。

問題10　分野：見る記憶

語彙　知識

〈準備〉　鉛筆、あらかじめ問題10-１、２の絵を点線で切っておく。

〈問題〉　**この問題は絵を縦に使用してください。**

（問題10-１の★の絵を見せる）絵を見て覚えてください。
（20秒後に10-３の絵を見せる）
①１番後ろはどんな形でしたか、四角から選んで○をつけてください。
（問題10-１の☆の絵を見せる）絵を見て覚えてください。
（20秒後に10-３の絵を見せる）
②前から２番目はどんな形でしたか、四角から選んで×をつけてください。
（問題10-２の◆の絵を見せる）絵を見て覚えてください。
（20秒後に10-３の絵を見せる）
③後ろから２番目は何の形でしたか、四角から選んで△をつけてください。
（問題10-２の◇の絵を見せる）絵を見て覚えてください。
（20秒後に10-３の絵を見せる）
④３個あったものはどれですか、四角から○をつけてください。
⑤４個あったものはどれですか、四角から○をつけてください。

〈時間〉　各15秒

〈解答〉　下図参照

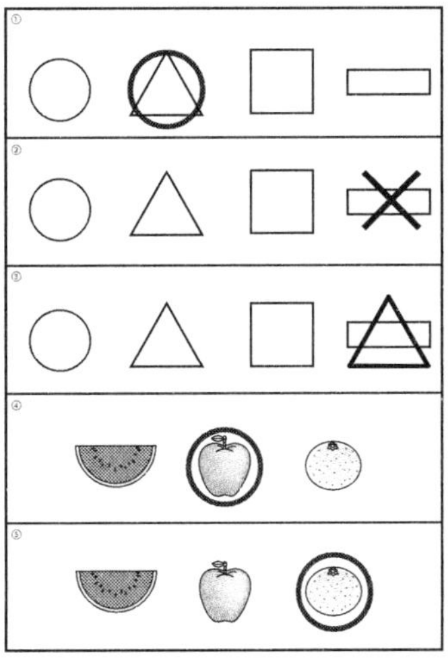

［2020年度出題］

学習のポイント

当校入試で見る記憶の問題は頻出しています。本問の難しい点は、①～③は重なった形、④⑤は個数を覚えるという２種類の記憶をしなければならないことです。覚える内容自体はそれほど複雑ではありませんが、解答時間が短く、じっくり取り組んでいる時間はありません。全体を１度に覚えようとすると時間がかかり過ぎてしまうので、自分なりのルールで全体を切り分けて、「部分」にして覚えていくことです。例えば、①～③のような何番目に重なっている形を覚える問題では、最後に登場した図形から覚える、④⑤のような数を聞く問題なら、１番多いものから覚える、といった形でかまいません。もちろん、これはいきなりできることではありませんが、同じような内容・指示が複数ある問題に取り組んでみましょう。繰り返し学習すれば段々と身に付いていきます。

【おすすめ問題集】

Ｊｒ・ウォッチャー20「見る記憶・聴く記憶」、
ウォッチャーズアレンジ問題集４～記憶力ＵＰ「見る記憶」編～

家庭学習のコツ④　効果的な学習方法～お子さまの今の実力を知る

１年分の問題を解き終えた後、「家庭学習ガイド」に掲載されているレーダーチャートを参考に、目標への到達度をはかってみましょう。また、あわせてお子さまの得意・不得意の見きわめも行ってください。苦手な分野の対策にあたっては、お子さまに無理をさせず、理解度に合わせて学習するとよいでしょう。

問題11　分野：お話の記憶

聞く　考え

〈準 備〉　鉛筆

〈問 題〉　**この問題の絵は縦に使用してください。**

今日は、ともこさんのお父さんのお誕生日です。ともこさんは、お父さんのプレゼントを２つ用意しました。１つ目はお花です。ともこさんの家のとなりには、お花屋さんがあります。お花屋さんには、いつもたくさんのお花が飾られていて、とてもよい香りがします。ともこさんは自分のお小遣いで、お父さんの好きなヒマワリとユリを買うことにしました。お父さんのためのプレゼントだと伝えると、お花屋さんは大きなリボンをつけて花束にしてくれました。２つ目のプレゼントは、手作りのピザです。お父さんは、ピーマンとトマトとニンジンが好きで、タマネギとキャベツが苦手です。ともこさんは、ピーマンとトマトをピザに載せることにしました、最初に、小麦粉とお湯と油と塩をボールの中で混ぜました。次によくこねた生地を丸めて、しばらく置いておきました。その間に、お母さんが包丁を使って野菜を薄く切りました。そして、しばらく置いておいた生地をともこさんが手でのばし、スプーンでソースを塗り、お母さんがおはしで野菜を載せました。ともこさんがチーズを載せようとしていると、おばあちゃんが「ともこの好きなキノコも載せたら？」と言ったので載せることにしました。最後におばあちゃんがオーブンで焼きました。焼き上がったピザは、とてもよいにおいがしました。お母さんがピザを６つに分けてくれました。「お父さん、お誕生日おめでとう！」お父さんは、おいしいピザも、きれいな花束も、とてもよろこんでくれました。

①ともこさんが買った花束に入っていたお花はどれですか、すべて選んで○をつけてください。
②ピザに載っていた野菜は何ですか、すべて選んで○をつけてください。
③ピザをオーブンで焼いたのは誰ですか、○をつけてください。
④ピザを作るときに使った道具はどれですか、すべて選んで○をつけてください。
⑤お母さんが切り分けたピザはどんな形をしていますか、正しいものに○をつけてください。

〈時 間〉　各10秒

〈解 答〉　①ユリとヒマワリ（左端、右端）　②トマト、ピーマン（右から２番目、右端）
③おばあちゃん（右端）　④スプーン、おはし（左端、右端）
⑤左から２番目

［2020年度出題］

学習のポイント

例年出題されているお話の記憶の問題です。当校のお話の記憶の問題は、日常生活の１場面を題材にしたお話から出題されることが多いようです。例えば本問のような買ったものや料理の手順などの細かい描写が多く出てくるので、どうしても細かい描写が出てくるようになります。細かい描写を１つひとつすべて、覚えるということはできないので、お話の流れをイメージにしながら記憶しましょう。例えばピザを作っているところをイメージするなら、ピザにピーマンとトマトが載っている様子を思い浮かべるのです。「ピザにピーマンとトマトが載っている」という文章を覚えるのではありません。イメージにして記憶することを繰り返し行っていけば「誰が」「どうした」以外の細かい部分も聞き取れるようになってきます。なお、解答時間が短く、１つの問題に複数の正解があることも当校のお話の記憶の問題の特徴です。落ち着いて、すべての選択肢を確認してから答えるようにしてください。

【おすすめ問題集】

１話５分の読み聞かせお話集①・②、お話の記憶 初級編・中級編、

ウォッチャーズアレンジ問題集３～記憶力ＵＰ編～

問題12　分野：言葉（常識・頭音つなぎ）

観察　知識

〈準 備〉　鉛筆

〈問 題〉

①「ば・び・ぶ・べ・ぼ」がつくものを選んで○をつけてください。

②「しんぶんし」のように、はじめと終わりの音が同じものはどれですか、当てはまるものすべてに○をつけてください。

〈時 間〉　各30秒

〈解 答〉　下記参照

［2020年度出題］

学習のポイント

本問では、お子さまがどれだけ言葉を知っているかが問われています。「知っている」というのはこの段階では、ものの名称をきちんと言えるということですが、そのもの自体を知らなかった場合はともかく、「そのものは知っているが、正しい名称で覚えていなかった」という場合は対策が必要です。もちろん「知らない」場合は、さまざまなメディアを使ったり、実際に見に行くなどの経験をすればよいのですが、間違った名称や使い方を覚えてしまった場合にはその記憶を上書きをするという大変な手間がかかります。小学校受験では赤ちゃん言葉やご家族特有の呼び方で覚えていても意味がないということです。そのような余計な苦労はない方がよいので、ふだんの生活から見直しましょう。お子さまが初めての経験をすること、目にするものを説明する時には、特に「正確な言葉遣い」に注意する必要があります。

【おすすめ問題集】

Ｊｒ・ウォッチャー17「言葉の音遊び」、18「いろいろな言葉」、
60「言葉の音（おん）」

問題13　分野：複合（位置の移動、行動推理）

観察　考え

〈準　備〉　鉛筆

〈問　題〉　絵を見てください。

①たろうくんの家は★のマークのところです。たろうくんが矢印の方向に進み、最初の曲がり角を右に曲がり、そのまままっすぐ進み、右側に見えるお店に○をつけてください。

②花子さんの家は☆のマークのところです。矢印の方向に進み絵本を買いに行きます。出かける時に、お母さんが「キャベツを買ってから、絵本を買いに行ってね」と言いました。１度通った道は戻りません。花子さんは１番短い距離で行けるように歩いたそうです。花子さんが通った道を線で引いてください。

③たろうくんと花子さんは、学校で待ち合わせをしていました。花子さんが学校へ行く途中、ケガをしているお友だちを見つけたので病院へつれていってあげました。たろうくんはどこで花子さんを待っているでしょうか。たろうくんが待っている場所に×をつけてください。

〈時　間〉　各15秒

〈解　答〉　下記参照

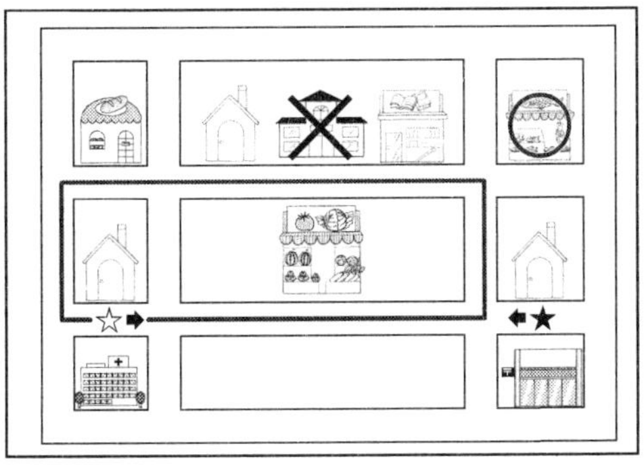

［2020年度出題］

学習のポイント

当校では例年、本問のような「位置の移動」の問題が出題されています。「位置の移動」の問題のポイントは「登場人物の視点で考えること」です。①②ともそうですが、たろうくん、花子さんの視点で左右を判断するのです。たいていのお子さまは「絵の中に自分を置く」ということができませんから、自分にとっての左右と勘違いしてしまいます。この問題の場合は、地図が簡単で、店の場所も惑わせるようなものはありません。その認識がなくても正解できてしまうかもしれないので、お子さまがどの視点で答えているかはチェックしておきましょう。③は行動推理の問題です。「推理」と言っても、「こうしたら、次はこうなる」という当たり前のことを聞くことが多いので、素直に答えれば正解します。もし間違えた場合は、常識がないという評価をされかねません。

【おすすめ問題集】

Ｊｒ・ウォッチャー31「推理思考」

問題14　分野：指示行動・巧緻性

観察　考え

〈準備〉　折り紙・ハサミ・画用紙・クレヨン（12色）

〈問題〉　**この問題は絵を縦に使用してください。**

（あらかじめ、準備した道具を渡しておく）
まず、折り紙を２つに折ります。次に、折り線のところで半分に切ってください。切ったらハサミを置いてください。
切った紙をまた半分に折ります。次に、折り線のところで半分に切ってください。切ったらハサミを置いてください。
切った紙を画用紙に貼り、クレヨンで絵を描いてください。新聞紙を机の上に広げてからはじめてください。できたら、画用紙を前に持ってきてください。新聞紙をたたんで、道具を片付けてください。

〈時間〉　10分

〈解答〉　省略

［2020年度出題］

学習のポイント

この問題は、先生の指示通りに作業ができるかどうかが１番のポイントです。課題内容自体は折り紙を折ったり、切ったりという単純な作業です。単純な作業が続くので指示を聞かなくても、ある程度次に何をするのかわかってしまいますが、先走りすることなく１つひとつ指示を聞いてから作業するように指導しておきましょう。また、この課題では道具を片付けるところまで指示がされています。作品を作り終えたからといって、それで終わりとならないのは当校教育方針と重なるところです。日々の学習でも片付けなど課題を終えた後でも何をするべきか意識させましょう。

【おすすめ問題集】

Ｊｒ・ウォッチャー23「切る・貼る・塗る」、実践 ゆびさきトレーニング①②

問題15　分野：面接（親子面接）

〈準 備〉　なし

〈問 題〉　この問題の絵はありません。

【保護者へ】
・志望理由をお聞かせください。
・ご家庭での教育方針をお聞かせください。
・ご家庭でお子さまはどのように過ごしておられますか。
・お子さまの成長を感じるのはどんなところですか。
・子育てで気を付けていることはなんですか。
・集団生活でトラブルがあった場合、どのように対処しますか。
・休日の過ごし方についてお話しください。

【志願者へ】
・お名前を教えてください。
・今あなたがいる小学校の名前はなんですか。
・お休みの日はお父さんと何をしますか。
・好きな食べものと嫌いな食べものを教えてください。
・幼稚園（保育園）で好きな行事はなんですか。
・嫌いな食べものが給食で出たらどうしますか。

〈時 間〉　15分程度

〈解 答〉　省略

［2020年度出題］

学習のポイント

面接時間は約15分で、面接担当者は２名です。「両親が子育てでどのように協力しているか」を聞かれるケースもありましたから、父・母、それぞれの役割分担があってもよい、という考え方なのでしょう。事細かにどのように分担しているといったことは言わなくてもよく、日頃から共通の教育方針を持ち、それに沿って子育てをしているということを伝えてください。仕事の都合や家庭の事情で、できないことがある場合はもう１人がカバーしているが、２人が持っている教育に対しての考え方は同じといったことを話せばよいのです。基本的に欠点をさがすような面接ではありませんから、入学に対する意欲を示すこと、志望動機をはっきりと述べられれば、問題は起きません。なお、宗教や、当校の教育方針である予防教育法、説明会や行事に参加した際の感想などについても、一度整理しておきましょう。志望動機で語る上で必要になってきます。

【おすすめ問題集】
家庭で行う面接テスト問題集、小学校面接Ｑ＆Ａ

2019年度以前の過去問題

問題16　分野：推理（比較）

観察　考え

〈準 備〉　鉛筆

〈問 題〉　①上の段を見てください。それぞれのコップにジュースが入っています。この中で、１番ジュースが多いコップに○、１番ジュースが少ないコップに×をつけてください。
②真ん中の段を見てください。それぞれの入れ物に水が入っています。この中で、１番水が多い入れ物に○、１番水が少ない入れ物に×をつけてください。
③下の段を見てください。エンピツが何本かあります。この中で、１番長いエンピツに○、１番短いエンピツに×をつけてください。

〈時 間〉　各20秒

〈解 答〉　下図参照

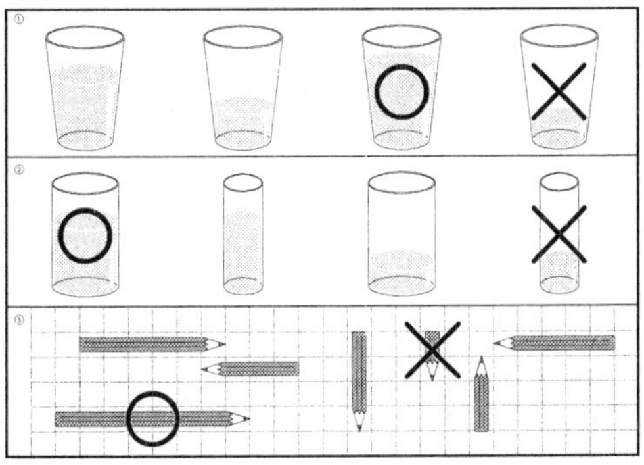

［2019年度出題］

学習のポイント

当校の問題は、推理分野からの出題が多いことが特徴ですが、それらの問題では、観察力、思考力が問われています。問題はそれほど難しくないので、指示をよく聞いて、絵をよく見て、よく考えてから答えを選ぶようにしてください。水の量や線の長さなどを比べる時には、まず、それぞれのものに共通する部分を見つけてから違いを比べるようにすると、判断がしやすくなります。はじめのうちは、「よく見なさい」などと抽象的な声かけをせずに、「同じところと、違うところをよく見よう」などと、具体的な指示を出していくとよいでしょう。慣れてきたら、そのような注意点に、お子さまが自分で気が付くようになります。

【おすすめ問題集】

Ｊｒ・ウォッチャー15「比較」、58「比較②」

問題17　分野：数量（数の増減）

〈準 備〉　鉛筆

〈問 題〉　男の子と女の子がアメを３個ずつ持っています。ジャンケンをして勝ったら、アメを相手から１個もらえます。
①左の絵のように３回のジャンケンが終わった時、男の子と女の子は、アメをそれぞれいくつずつ持っていますか。その数だけ、四角の中に○を書いてください。
②右の絵のように４回のジャンケンが終わった時、男の子と女の子は、アメをそれぞれいくつずつ持っていますか。その数だけ、四角の中に○を書いてください。

〈時 間〉　各30秒

〈解 答〉　下図参照

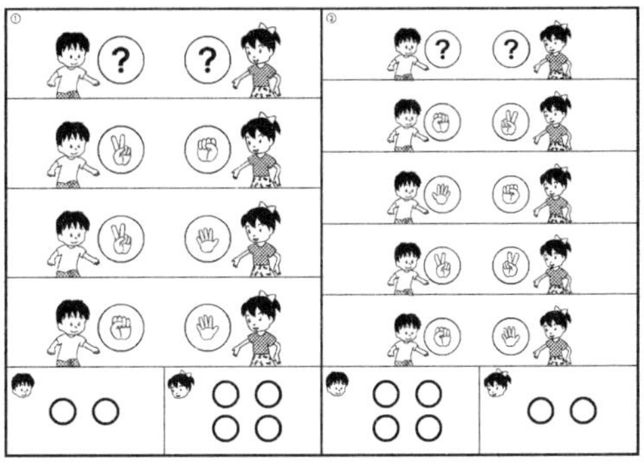

［2019年度出題］

学習のポイント

当校では、数量の問題が毎年出題されています。中でも数の増減に関する問題は頻出の分野です。１～10までの数を理解できていることに加えて、基本的な増減ができるかどうかが観られています。本問では、はじめにアメを３個持っていて、ジャンケンに勝つとアメを相手から１個もらえます。しかし、負けると１個相手にあげなければいけないということが、言葉では直接説明されていないところに本問の難しさがあります。問題を解く際には、まず男の子の結果のみに注目して増減を確認した後で、女の子の増減についても同様に確認するとよいでしょう。１回のジャンケンごとに両方の増減を数えようとすると、失敗の可能性が高くなります。ふだんの練習でも、２つの数量の増減を同時に処理させたりせず、１つずつ順番に確認をしていくことを理解させておくとよいでしょう。

【おすすめ問題集】

Ｊｒ・ウォッチャー38「たし算・ひき算1」、39「たし算・ひき算2」

問題18　分野：推理（置き換え）　観察　考え

〈準備〉　鉛筆

〈問題〉　てんびんに、スイカを載せたお皿と、メロンとリンゴとイチゴを載せたお皿があります。
左側の上の絵のように、2つのお皿が同じ重さで釣り合っている時、下の絵の右のお皿に、メロンとリンゴとイチゴを、それぞれいくつずつ載せれば釣り合いますか。その数だけ四角の中に○を書いてください。できたら、右側も同じように答えてください。

〈時間〉　各30秒

〈解答〉　①メロン：2個　リンゴ：4個　イチゴ：2個
②メロン：2個　リンゴ：6個　イチゴ：4個

［2019年度出題］

学習のポイント

釣り合っているてんびんに載せられたものの、重さの関係を考える問題です。本問では、それぞれの重さの関係はわからず、メロンとリンゴとイチゴをいくつか集めると、スイカ1個分の重さになるということから答えを導かなければなりません。その点で、着眼点に気が付くための高い思考力が要求されている問題と言えます。問題のポイントに着眼する力を伸ばすには、さまざまなバリエーションの問題に取り組むことと、必ず指示を最後まで聞いて、よく考えてから取り組むようにすることです。答え合わせの時には、たとえ正解であっても考え方の念押しをするようにすると、問題を最後まで終えてから次に取り組む習慣がつき、早とちりや聞き逃しが減って、よく考えてから取り組むようになります。

【おすすめ問題集】
Ｊｒ・ウォッチャー38「たし算・ひき算1」、39「たし算・ひき算2」、
ウォッチャーズアレンジ2～思考力ＵＰ編～

問題19　分野：図形（点線図形）　観察　考え

〈準備〉　鉛筆

〈問題〉　お手本の絵と同じ形になるように、点と点を線で結んでください。

〈時間〉　1分30秒

〈解答〉　省略

［2019年度出題］

学習のポイント

当校の図形分野の問題は、毎年４問程度、さまざまなバリエーションで出題されており、図形分野全般に対する幅広い学習が必要とされます。点線図形の問題では、位置や座標を正確にとらえる観察力が観られています。あわせて、線をきれいに引く巧緻性の力も問われている、複合的な問題と言えます。座標をとらえる時は、特定の頂点に注目して、次の点がそこから上下、左右にいくつずつ進んだところにあるか確認してから線を引くようにするとよいでしょう。しかし、一筆書きの要領で線を引くと、鉛筆を右から左へ、下から上へ動かさなければならない場合があります。そのような時は、無理にそのまま線を引こうとせず、描きやすい手順で線を引いてください。

【おすすめ問題集】

Ｊｒ・ウォッチャー1「点・線図形」、51「運筆1」、52「運筆2」

問題20　分野：図形（図形の構成）

聞く　観察　考え

〈準　備〉　鉛筆

〈問　題〉　上にあるピースをすべて使って、さまざまな形を作ります。下にある形の中で、作ることができるものに○、できないものに×をつけてください。この時、ピースの向きを変えたり、重ねたりしてもよいです。

〈時　間〉　各20秒

〈解　答〉　下図参照

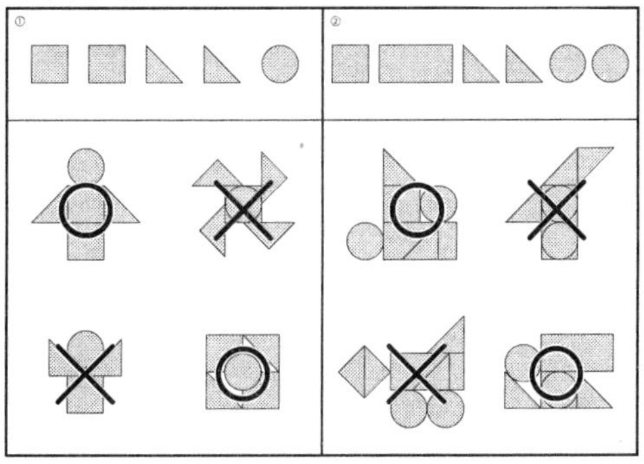

［2019年度出題］

学習のポイント

問題に取り組む時には、指示をよく聞いて、その通りに行動します。あたりまえのことですが、受験勉強の要領がつかめてくると、意外と忘れやすい点です。その結果、早とちりや聞き逃しをしてしまうことになります。本問の場合、「ピースをすべて使う」「できるものとできないものの両方に印をつける」「ピースの向きを変えたり、重ねたりしてよい」という３点をふまえて、「さまざまな形を作る」ことが求められています。この指示を守って進めると、自然と答えは見つけられます。○と×の両方を答えるところでの失敗も少なくなるでしょう。このように本問では、図形の観察力だけでなく、指示をしっかりと聞き取る力も観ています。当校の試験は一見簡単そうに見えますが、１問に与えられている時間が比較的短いために急いでしまいがちです。だからこそ、よく聞いて１度で正解を答えられるようにする力をつけていくことが大切です。

【おすすめ問題集】
Ｊｒ・ウォッチャー３「パズル」、９「合成」、54「図形の構成」、
ウォッチャーズアレンジ２～思考力ＵＰ編～

問題21　分野：推理（総合）

観察　考え

〈準 備〉　鉛筆

〈問 題〉　（問題21-１の絵を渡す）
①上の段の絵を見てください。水が入ったコップがいくつかあります。これらのコップを叩いた時、１番高い音が出るコップはどれですか。選んで○をつけてください。
②動物たちがシーソーで遊んでいます。１番重たい動物に○、２番目に重たい動物に△をつけてください。
（問題21-２を渡す）
③上の段の絵を見てください。上の絵のようにアメを箱に入れると、数がいくつか増えました。では、下の絵のようにアメを箱に入れると、アメはいくつになるでしょうか。その数だけ右の四角に○を書いてください。
④動物たちが積み木で遊んでいます。ウシさんが持っている積み木で作った形はどれですか。選んで○をつけてください。

〈時 間〉　各15秒

〈解 答〉　①右端　②○：タヌキ　△ブタ　③○：５個　④左上

［2019年度出題］

学習のポイント

当校の推理分野の問題では、小問集合の形で出題されることが特徴です。思考力や観察力はもちろん、1問ごとに切り替えて取り組む力も必要です。①では、コップの水が少ない方が、叩いた時の音が高くなることを、日常生活で水が入ったコップを叩いた経験や、それに類似する経験から推測できるとよいでしょう。②は1番重いものを載せたシーソーは常に下がっているということを理解し、それぞれの重さを順番に並べればよいです。③はブラックボックスです。アメが増えた数を把握できれば、問題はすぐに解けます。④では、似通った形の積み木を見分けて、その数をかぞえればよいでしょう。このように、それぞれの問題はそれほど難しいものではありませんが、与えられた時間が短いので、着眼ポイントをすばやく考えなければなりません。また、わからなかった時でも、気持ちを切り替えて次の問題に取り組むことも大切です。ふだんの練習でも、思考力と切り替えをスムーズにできるよう、小問集合の形式を真似た練習も取り入れてください。

【おすすめ問題集】

Ｊｒ・ウォッチャー31「推理思考」、32「ブラックボックス」、33「シーソー」、
ＮＥＷウォッチャーズ私立小学校入試セレクト問題集　推理編①

問題22　分野：図形（構成）

観察　考え

〈準 備〉　鉛筆

〈問 題〉　（問題22-１の絵を渡す）
いくつかのマッチ棒があります。これらのマッチ棒をすべて使ってできるかたちを、下から選んで○をつけてください。
（問題22-２を渡す）
２つの形を組み合わせて四角を作ります。左の形と合わせた時に、四角になるものを右から選んで、○をつけてください。形の向きを変えてはいけません。

〈時 間〉　各30秒

〈解 答〉　下図参照

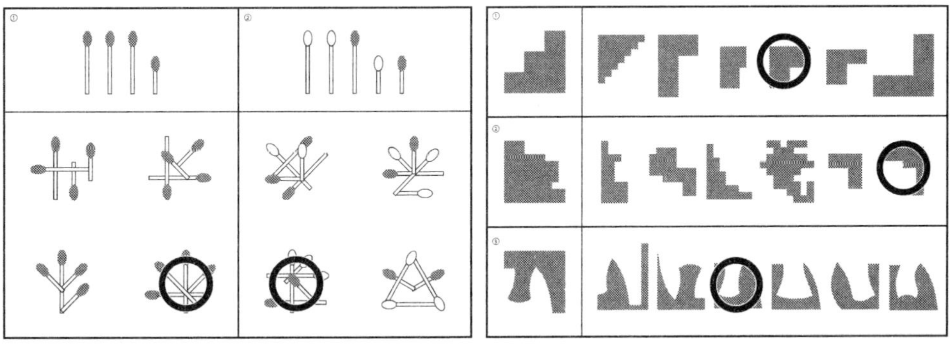

［2019年度出題］

学習のポイント

当校の図形の構成の問題は、複雑な形が多いことが特徴です。その上解答のための時間が短いことから、難度の高い問題と言えます。この分野の観点は、空間把握力と言われていますが、具体的には全体像をとらえた上で、細かい部分の特徴をつかむ力ということです。たとえば、問題22-１の場合、全体をみて２～４種類のマッチの組み合わせであることを理解した上で、黒くて長いマッチの本数が同じものを選ぶと答えが見つけやすくなります。問題22-２では、「全体像＝組み合わせたあとの四角」をイメージできると、答えは余白の部分の形とわかります。このような目の配り方に慣れてくると、答えを見つけるための着眼点がわかってきます。ハウツーやテクニックに頼らず、正しい目の配り方が身に付くように練習を進めてください。

【おすすめ問題集】

Ｊｒ・ウォッチャー９「合成」、45「図形分割」、54「図形の構成」

問題23　分野：お話の記憶

聞く　集中

〈準備〉　鉛筆

〈問題〉　ななさんの幼稚園では、もうすぐ楽しみにしている遠足があります。ななさんはお母さんと一緒に、お弁当の材料を買いに行きました。ななさんは、ハンバーグと卵焼きが大好きなので、お母さんはななさんが喜ぶお弁当を作ろうと、今からはりきっています。
２人ははじめに、お肉屋へ行って、ソーセージを買いました。次に八百屋でタマネギとトマト、キュウリを買いました。その後スーパーに行って、卵と牛乳を買いました。それから、遠足のおやつにビスケットとアメも買いました。
お買い物が終わってお家に帰ると、おばあちゃんが遊びに来ていました。「おばあちゃん、いらっしゃい。今日は遠足のお買い物に行っていたの」とななさんは言いました。おばあちゃんは、「そうかい。どこに行くんだい」と聞きました。ななさんは「大きい池と風車がある公園にいくの。池にはコイがいて、アヒルも泳いでいるんだって。見られるといいな」と答えました。「それからみんなでゾウのすべり台で遊ぶの」とななさんが言うと、おばあちゃんは笑顔で、「いい天気になるといいね」と言いました。
遠足の日、ななさんは早起きしました。リュックサックにお弁当とレジャーシートを入れました。水筒を肩からかけて、さあ出発です。「行ってきます」と大きな声で言うと、「行ってらっしゃい」と、お母さんと妹のちよこちゃん、おばあちゃんが見送ってくれました。

①ななさんとお母さんが八百屋で買った物はどれですか。選んで○をつけてください。
②公園にある物はどれですか。選んで○をつけてください。
③ななさんが、公園で見るのを楽しみにしているものはどれですか。選んで○をつけてください。
④ななさんがお家を出発した時、見送ってくれたのは誰ですか。正しいものに○をつけてください。

〈時間〉　各10秒

〈解答〉　下図参照

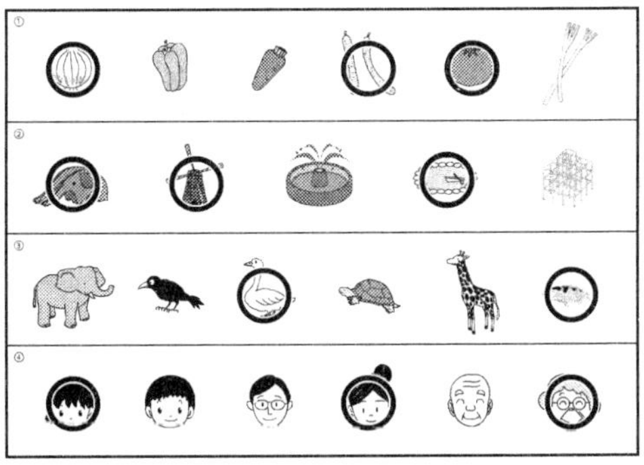

［2019年度出題］

学習のポイント

当校のお話の問題は、買ったものや出てきた動物などの細かい描写が多くなっています。情報が多いので聞き取りを難しくなるというわけです。しかし、その細かい描写のすべてから質問が出されているわけではありません。質問に出るかどうかという取捨選択をしながら聞き取ることはできないので、以下のようなことに注意しながら、お話を聞いてください。①お話の流れを押さえる。場面ごとに短くまとめることで記憶に残りやすくなります。「（人・もの）が～した（になった）」といった形です。②登場する人・動物・ものの形容詞に注目する。大きさや色、形、数などはもちろんですが、人物ならその感情にも注意します。「黄色いマフラーをした黒いウサギさんが泣いています」といった表現があればお話のポイントとして注目するということです。①②ともにお話を聞いたとおりに丸暗記することはできないので、イメージに変換しましょう。場面や登場人物・登場するものを思い浮かべるのです。そうすることで、情報を整理することになりますし、その量も小さくなります。

【おすすめ問題集】

1話5分の読み聞かせお話集①・②、お話の記憶 初級編・中級編、
ウォッチャーズアレンジ問題集３～記憶力ＵＰ編～

問題24　分野：見る記憶

観察　集中

〈準備〉　鉛筆、問題24－２、24－４の絵をあらかじめ伏せて渡しておく。

〈問題〉　（問題24－１の絵を見せる）
絵を見て覚えてください。
（20秒後、絵を伏せて問題24－２の絵を表にする）
①パンダはどこにいましたか。パンダがいたところに○を書いてください。
②ウサギはどこにいましたか。ウサギがいたところに△を書いてください。
③ネズミはどこにいましたか、ネズミがいたところに×を書いてください。
（問題24－３の絵を見せる）
絵を見て覚えてください。
（20秒後、絵を伏せて問題24－４の絵を表にする）
①クマが持っていたものはどれですか。選んで○をつけてください。
②キツネが持っていたものはどれですか。選んで○をつけてください。

〈時間〉　各５秒

〈解答〉　下図参照

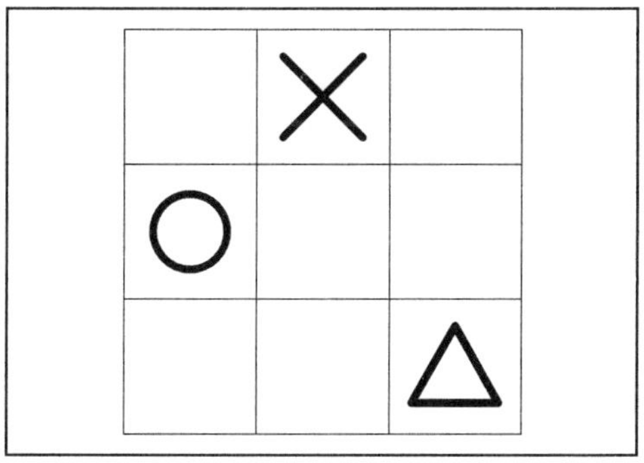

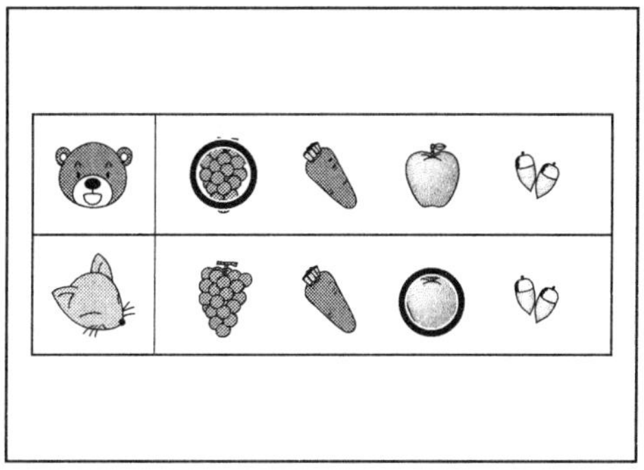

［2019年度出題］

学習のポイント

当校の位置の記憶の問題は、問題24-１のように９～12個程度のマスの中に描かれたものの位置を覚える問題と、問題24-３のようにイラストを覚えて、そこに描かれているものや数を答える問題の２種類が、例年出題されています。覚えるものの数は多くないのですが、解答時間がとても短いため、小学校受験としてはレベルの高い問題と言えます。このような記憶の問題に対応する力をつけるためには、すべてを覚えようとせず、解答時間内に「１つでも多く覚える」ことを強く意識して取り組むことが大切です。そのためには、自分なりに覚え方を統一することです。問題24-１なら上の段から覚える、24-３なら左の動物から覚えるなどのやり方です。そうすれば全体を覚えるというよりは部分を覚えることになり

なお、実際の試験では、記憶する絵は教室の黒板に掲示されていたようです。

【おすすめ問題集】

Ｊｒ・ウォッチャー20「見る記憶・聴く記憶」、

ウォッチャーズアレンジ問題集４～記憶力ＵＰ「見る記憶」編～

問題25　分野：言語（頭音つなぎ）　語彙 知識

〈準備〉　鉛筆

〈問題〉　上の段を見てください。ネズミのはじめの音の「ね」と、コマのはじめの音の「こ」を合わせると、「ネコ」になります。このように、それぞれの絵のはじめの音をつないで、言葉を作ります。
左の絵の言葉を作る時に使う絵を、右からすべて選んで、○をつけてください。

〈時間〉　各15秒

〈解答〉　下図参照

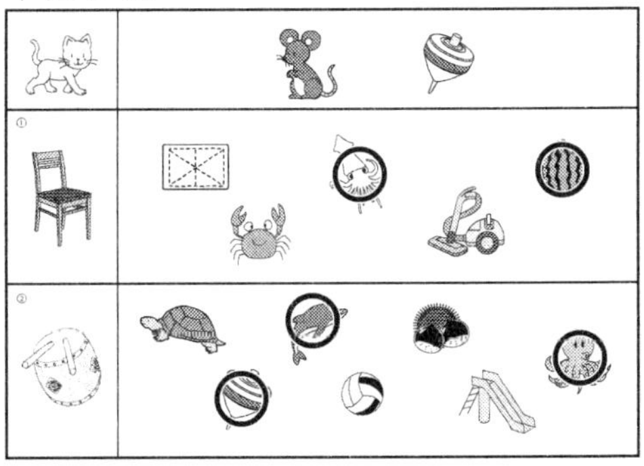

［2019年度出題］

学習のポイント

頭音つなぎでは、言葉のはじめの音どうしをつないで、条件にあう言葉を作ります。当校で出題される言語分野には、しりとりや同音さがしなど、一見すると似た形式の問題が多いので、解答の途中で指示がわからなくなったり、勘違いをして間違えてしまったりすることのないように、落ち着いて取り組みましょう。指示を最後まで聞いてから取り組むなどの基本が身に付いたら、言語分野のさまざまな問題をランダムに解いてみましょう。さまざまな問題に触れることで、思い込みや早とちりがなくなり、入試でも解答時間内に確実に答えられるようになります。

【おすすめ問題集】

Ｊｒ・ウォッチャー17「言葉の音遊び」、18「いろいろな言葉」、
60「言葉の音（おん）」

問題26　分野：推理（位置・行動推理）

聞く　考え

〈準 備〉　鉛筆

〈問 題〉　この問題は絵を縦に使用してください。
大きな木の中に、動物たちのお家があります。
①ネズミさんは３階に住んでいます。ネズミさんの住んでいる部屋に○をつけてください。
②サルさんは５階に住んでいます。サルさんの住んでいる１つ上の部屋に×をつけてください。
③キツネさんは４階に住んでいます。今日は、ウサギさんとネコさんが遊びに来ることになっていました。ウサギさんは来ましたが、ネコさんがなかなか来ないので、キツネさんとウサギさんは、１階に住んでいるゾウさんのところに遊びに行ってしまいました。遅れてきたネコさんは、どの階に行きますか。ネコさんが行くところに△をつけてください。

〈時 間〉　各10秒

〈解 答〉　下図参照

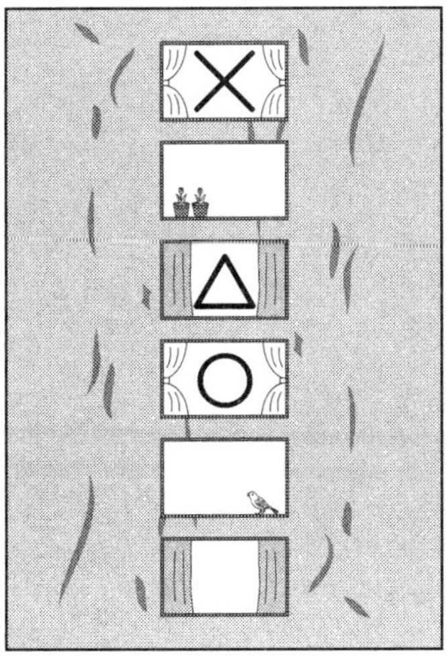

［2019年度出題］

学習のポイント

前年度に続き、位置の聞き取りと行動推理の問題が出題されました。行動推理とは、自分の目の前で起きている出来事に対して、その場にいない人がどのように考えて行動するのかを推測する問題です。これは、当校の特徴的な問題の１つと言えるものです。自分の目線や思考ではなく、他人の目線や思考を想像しなければいけない点が難しいかもしれません。「相手の立場」で考えることがポイントになりますが、慣れるまでは指示のお話を途中で止めて、状況を整理しながら進めていくとよいでしょう。慣れてきたら、お話を長く、複雑なものにアレンジして練習する方法もおすすめです。

【おすすめ問題集】
　Ｊｒ・ウォッチャー31「推理思考」

問題27　分野：指示行動・巧緻性

観察　考え

〈準備〉　のり、新聞紙、ハサミ、クレヨン、画用紙２枚（問題27の絵を参考に、あらかじめ点線を引いたものと、見本を作っておく）を机の上に置く。

〈問題〉　**この問題は絵を参考にしてください。**
①のり、新聞紙、クレヨンを机の中にしまってください。
②画用紙を、点線にそってハサミで切ってください。終わったら、ハサミと今切った紙を机の中にしまって、新聞紙を出してください。
③新聞紙を机の上に広げてください。できたら、机の上にのりとクレヨンと今切った紙を出してください。
④（見本の形を見せながら）これは何の形に見えますか。
では、同じように、今切った紙をのりで好きな形に貼り合わせてください。できたら、クレヨンで絵を描きましょう。
⑤（④の作業の途中で）どんな絵を描いていますか。教えてください。
⑥（作業が終わったら）できたら、先生に絵を渡してください。席に戻って、クレヨンとのりと新聞紙を机の中にしまってください。

〈時間〉　15分

〈解答〉　省略

［2019年度出題］

学習のポイント

本問では、作業を進める際の行動が少しずつ示されていく形式です。試験ということをあまり意識することはないでしょう。幼稚園や保育園での工作の時間と同じ進め方なので、逆に言えば、自然体でのお子さまの様子が表れるので、見せたくない部分も出てしまうかもしれません。指示を聞く、片付けるなどの行動を、自然にできるように訓練しておきましょう。工作に関しても、作品の出来の良し悪しよりも、ハサミできちんと切れるか、のりを塗ることができるかなど基本的な作業ができるか観られています。この点については、しっかりと練習をしておきましょう。当たり前のことですが、経験を積めば上手になりますし、作業全体に余裕が生まれます。

【おすすめ問題集】

Ｊｒ・ウォッチャー23「切る・貼る・塗る」、実践 ゆびさきトレーニング①②

問題28 分野：数量（数を分ける・たし算）

観察 考え

〈準備〉 鉛筆

〈問題〉 上の段を見てください。左の２つの水槽の水を合わせると、水がいっぱいになります。このように、どの水槽と水槽を合わせると、水がいっぱいになりますか。線で結んでください。

〈時間〉 各１分

〈解答〉 下図参照

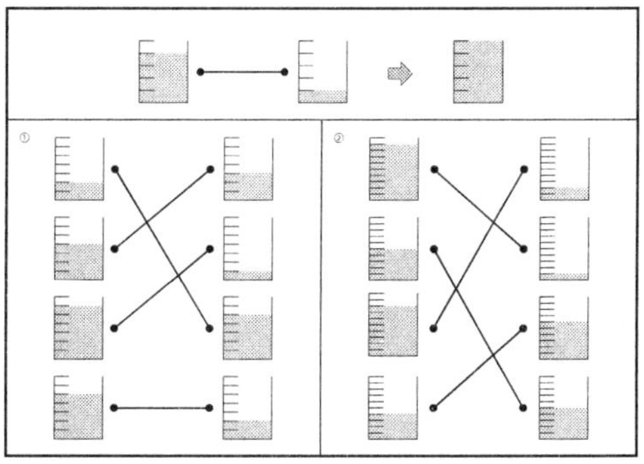

［2018年度出題］

学習のポイント

当校で例年出題されている、２つのものの数（量）を合わせて、指定された数（量）にまとめる問題です。数を分けたり、たしたりする力が求められています。10以上の数はほとんど扱われていないので、１～10までの数は一見してわかるようにしてください。それがわかっているという前提で、２つの数を組み合わせて大きい数字を作ったり、反対に大きい数字を２つに分けたりすることをします。お子さまがつまずくのであれば、まずはおはじきなどの実物を使いましょう。実際に数を分けたり、足したりする経験を１度でもすると理解が深まっていき、次にペーパーの問題で本問のような問題が出題されても解答できるようになります。

【おすすめ問題集】

Ｊｒ・ウォッチャー38「たし算・ひき算1」、39「たし算・ひき算2」、40「数を分ける」、41「数の構成」

問題29　分野：数量（一対多の対応）

観察　考え

〈準 備〉　鉛筆

〈問 題〉　上の段のお手本のように、おにぎり２つ、たまご焼き２つ、からあげ３つでお弁当を完成させます。いくつお弁当ができ上がりますか。その数だけ、下の段のお弁当箱に○を書いてください。

〈時 間〉　１分

〈解 答〉　○：２

［2018年度出題］

学習のポイント

数量は当校の頻出分野の１つです。複数のものを指示通りに１つにまとめる１対多の問題で、前年度にも出題されています。この問題の難しいところはさまざまなものを１つにまとめなければならないことです。おにぎり２つ、たまご焼き２つ、からあげ３つを１つの弁当にまとめます。その際、数えたものに印をつけて、数え間違いがないようにしましょう。印をつけていくと、からあげが足りなくなり、３つ目のお弁当が作れないので、お弁当は２つ作れるということがわかります。この説明でもお子さまがいまいち理解できていない場合は、日頃のお食事の時などに、おかずを一緒にわけてみましょう。「おかずが何個できたら、家族みんなに何個ずつ分けることができるかな？」というお話をして、お子さまに考えさせましょう。そうすると理解が深まっていくでしょう。

【おすすめ問題集】

Ｊｒ・ウォッチャー42「一対多の対応」

問題30　分野：数量（数の増減）

聞く　考え

〈準 備〉　色鉛筆

〈問 題〉　（この問題文はゆっくり読んでください）

①今から問題を２回読みます。バスに５人のお客さんが乗っていました。１つ目のバス停で３人乗ってきました。２つ目のバス停で４人降りました。もう１度、読みます（繰り返す）。
バスには何人のお客さんが乗っていますか。その数だけ、下の段の○に色を塗ってください。

②今から問題を２回読みます。バスに３人のお客さんが乗っていました。１つ目のバス停で１人降りました。２つ目のバス停で２人乗ってきました。３つ目のバス停で１人降りました。もう１度、読みます（繰り返す）。
バスには何人のお客さんが乗っていますか。その数だけ、下の段の☆に色を塗ってください。

〈時 間〉　各15秒

〈解 答〉　①○：４　②☆：３

［2018年度出題］

学習のポイント

問題文をよく聞いて、その指示通りに数を増減させます。数の増減を考える力だけでなく、落ち着いて聞き取る力も求められていますので少し難しい問題と言えるでしょう。しかし、数の増減自体はそれほど難しくありません。そのため、聞いている途中で答えがわかってしまうことがあります。そうなったとしても問題を最後まで落ち着いて聞き、しっかりと確認してから取り組むという意識が大切です。この問題をご家庭で行う時は、乗り降りの人数を変えるなどをして、パターンを変えて練習してみてください。その際にも、ゆっくりと問題文を２回読むことは決して変えないでください。最後までしっかりと取り組むという習慣を身に付けさせるためです。

【おすすめ問題集】
Ｊｒ・ウォッチャー38「たし算・ひき算1」、39「たし算・ひき算2」、
43「数のやりとり」

問題31　分野：図形（回転図形）

観察　考え

〈準備〉　鉛筆

〈問題〉　左の絵を何回か回して、右の絵のようにします。左の絵と同じになるように、右の絵に○を書いてください。

〈時間〉　各15秒

〈解答〉　下図参照

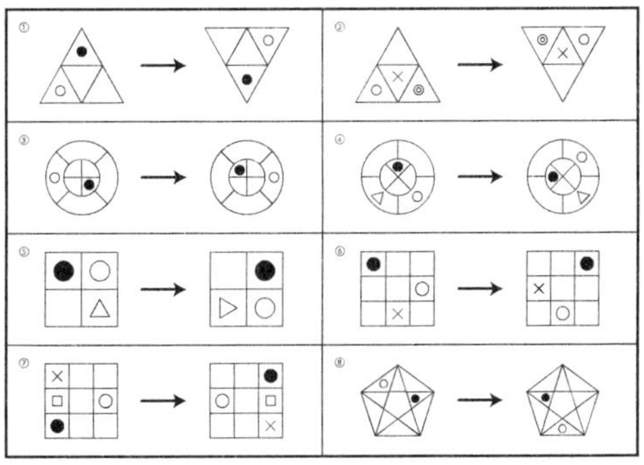

［2018年度出題］

学習のポイント

図形分野も当校の頻出分野です。回転図形だけでなく、点図形、線図形、鏡図形など、さまざまな形で出題されます。ここで求められていることは、図形の位置関係を認識して、図形が回転しても理解できるかどうかです。この問題は図形を回転させた後の記号の位置を答えます。答え方としては、①の場合、図形の中にある記号の１つに注目し（①の場合は●）、その記号が右回りにどのくらい移動したかを見ます。そして注目した記号が移動した分だけ、○を移動させます。それでもお子さまがわかりにくいということなら、絵を紙に書き写して、実際に１回ずつ回転させて確認してみるとよいでしょう。まず見てわからせるということで、お子さまの理解を深めていきましょう。

【おすすめ問題集】

Ｊｒ・ウォッチャー46「回転図形」

問題32　分野：四方観察

観察　考え

〈準 備〉　鉛筆

〈問 題〉　この問題は絵を縦に使用してください。
ブタ、ゾウ、ウサギ、ネコの４匹の動物の真ん中にテーブルがあります。そのテーブルには、ボールと積み木が置かれています。それぞれの動物からボールと積み木を見ると、どのように見えますか。合っているものを選んで、線でつないでください。

〈時 間〉　15秒

〈解 答〉　下図参照

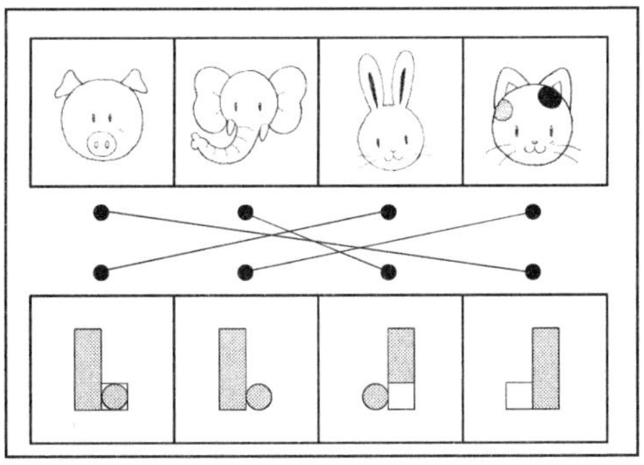

［2018年度出題］

学習のポイント

立体をさまざまな方向から見る四方観察の問題では、立体を認識する力と、細かい部分を観察する力が求められています。四方観察の問題の特徴は、円筒形のものを真横から見ると長方形に見えるということです。お子さまには「立体物は見る方向によって、見かけの形が異なっている」ということを体験を通して理解させましょう。実際に問題同様に積み木を積み、それをお子さまの目線で見せるということをしましょう。机の上で繰り返し問題をこなすよりは1度見て理解することで、ペーパーテストで類似問題が出題されてもイメージすることができ、解けるようになるでしょう。

【おすすめ問題集】

Ｊｒ・ウォッチャー10「四方からの観察」、53「四方からの観察　積み木編」

問題33　分野：常識

観察　考え

〈準備〉　鉛筆

〈問題〉　これからお母さんと一緒に、ホットケーキを焼きます。ホットケーキを焼く時に必要なものを選んで、○をつけてください。ホットケーキを食べた後は、お父さんと一緒に窓ふきをします。窓ふきをする時に必要なものを選んで、△をつけてください。

〈時間〉　1分

〈解答〉　下図参照

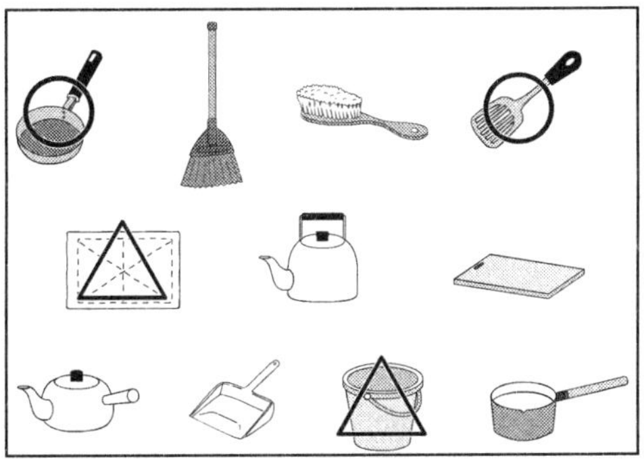

［2018年度出題］

学習のポイント

常識分野は、身の回りにあるものの名前を問うことが狙いではなく、生活の中でどのように使われているのかを理解しているかどうかを観ています。小学校に進学するお子さまとして、身の回りにあるものの使い方は当たり前に理解できているようにしてください。しかし、現代の生活スタイルは多様化しています。問題で扱われた道具の中には、見たことがないものがある場合もあります。例えば、掃除の時にホウキとチリトリ、バケツを使わないご家庭も多いかもしれません。保護者の方が子どもだった頃の生活と、現代の生活の間のズレをうまく補えるように、図鑑や映像などさまざまなメディアを利用することも大切です。

【おすすめ問題集】

Ｊｒ・ウォッチャー11「いろいろな仲間」

問題34　分野：推理

観察　考え

〈準備〉　鉛筆

〈問題〉　高さの違う台の上に、４人の子が同じ重さの玉を持って立っています。４人が砂の上に玉を落とした時に、それぞれの子の足もとの砂はどのようになるでしょうか。正しいものを線でつないでください。

〈時間〉　15秒

〈解答〉　下図参照

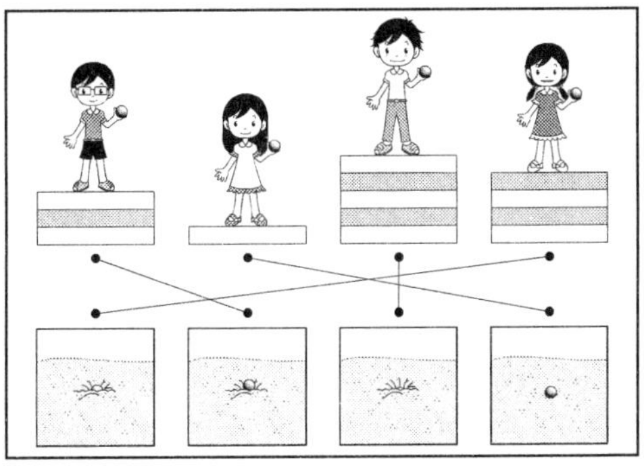

［2018年度出題］

学習のポイント

砂場で高いところから玉を落とすと、砂の上に玉の通った跡ができます。高さを変えて玉を落とすと、より高いところから落とした方が、より深く通った跡ができます。こういったことは、知識として知っている場合もあれば、経験を通して理解している場合もあります。知識と経験を活かして物事がどうなるかを考えることが重要なので、推理分野の練習では、解き終わったあとに、お子さまがどうしてその答えにしたのかを考えさせることが大切です。保護者の方は、問題のどの点に注目して、どのように考えたのか、お子さまから聞き取ってください。お子さまが自分の言葉で話すことで改めて確認したり、保護者の方の質問によって、自分で気付けなかったことを気付けるようになり、より考えることができます。

【おすすめ問題集】

Ｊｒ・ウォッチャー31「推理思考」

問題35　分野：図形（図形の構成）

観察　考え

〈準備〉　鉛筆

〈問題〉　左の絵の形を作るには、右の四角の中のどれを選べばよいですか。向きを変えてはいけません。当てはまるものを４つ選び、○をつけてください。

〈時間〉　各20秒

〈解答〉　下図参照

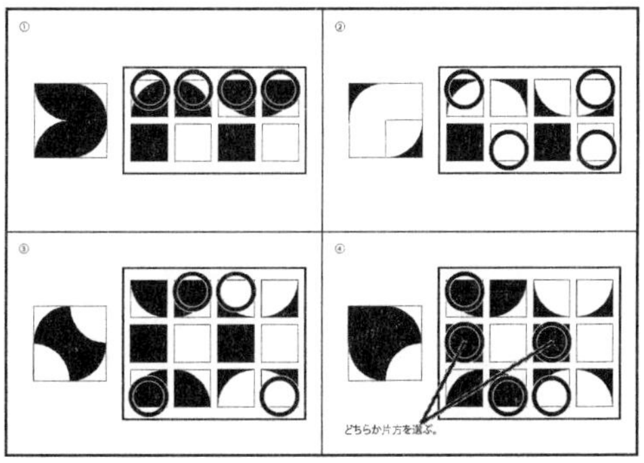

［2018年度出題］

学習のポイント

図形の構成の問題も、当校頻出分野の１つです。大きな図形をいくつかの部分に分けてとらえるといった、全体から細部への視点の切り替えが要求される、難しい問題です。この問題では、４つの絵を選ぶという指示があります。見本の絵を４つに分割して、それぞれに合う絵を選べば答えが見つかります。お子さまが正しく４つの絵を選ぶことが出来なかった場合は、全体から部分へということが理解できなかったのでしょう。実際に選択肢のパーツを切って、正しい絵を作ってみましょう。図形と図形をつなぐとどういう形ができあがるのか、実際にお子さま自身でつないで見ると理解が深まります。これを繰り返し行っていくと、この図形とこの図形だとこういう形になるということがイメージされるようになります。

【おすすめ問題集】

Ｊｒ・ウォッチャー45「図形分割」、54「図形の構成」

問題36　分野：図形（図形の構成）

観察　考え

〈準備〉　鉛筆

〈問題〉　左の形を作るには、右の四角の中のどれを選べばよいですか。向きを変えてはいけません。当てはまるもの全部に○をつけてください。

〈時間〉　各20秒

〈解答〉　下図参照

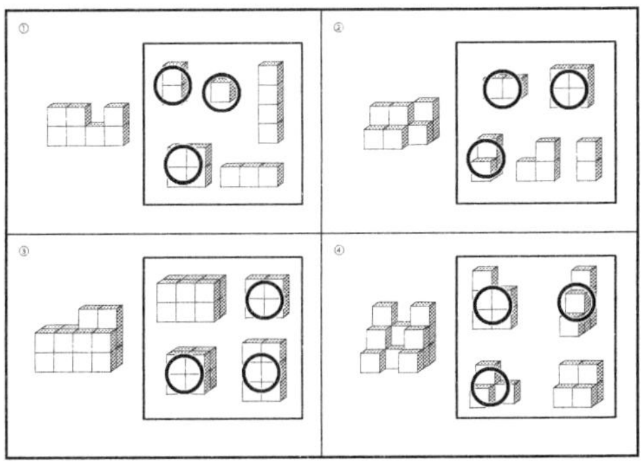

［2018年度出題］

学習のポイント

立体図形で構成を考える問題です。全体を部分の集まりとして考える視点は、前問と同じです。解答の形を作る選択肢の「部品」が、それぞれお手本のどこに当てはまるのか、よく見て確認しなければなりません。しかし、この問題のように立体の場合は、ブロックの影になって見えない場所にもブロックが置かれていることに気付けられるかどうかが大切です。問題を解けなかった場合は、ペーパーでは立体という理解が難しかったためかもしれません。実際に積み木など実物を組み立てて、見えない立体物があるということを体験を通して理解させることに取り組んでみましょう。繰り返し行うとペーパーで同様の問題が出題されても、イメージがすぐ浮かび、問題をスムーズに解くことができるでしょう。

【おすすめ問題集】

Ｊｒ・ウォッチャー45「図形分割」、54「図形の構成」

問題37　分野：見る記憶

観察　集中

〈準備〉　鉛筆、問題37－１、３の絵を、あらかじめ伏せて渡しておく。

〈問題〉　（問題37－２の絵を見せる）絵を見て覚えてください。
（20秒後に問題37－２の絵を伏せ、問題37－１を表にする）
①リンゴはどこにありましたか。リンゴがあった場所に○を書いてください。
②ブドウはどこにありましたか。ブドウがあった場所に×を書いてください。
③パイナップルはどこにありましたか。パイナップルがあった場所に△を書いてください。
（問題37－４の絵を見せる）絵を見て覚えてください。
（20秒後に問題37－４の絵を伏せ、問題37－３を表にする）
④コーヒーカップとスプーンとお皿はそれぞれいくつずつありましたか。あった数だけ、絵の横に○を書いてください。

〈時間〉　各10秒

〈解答〉　①②③下図参照　④コーヒーカップ○：５　スプーン○：３　お皿○：５

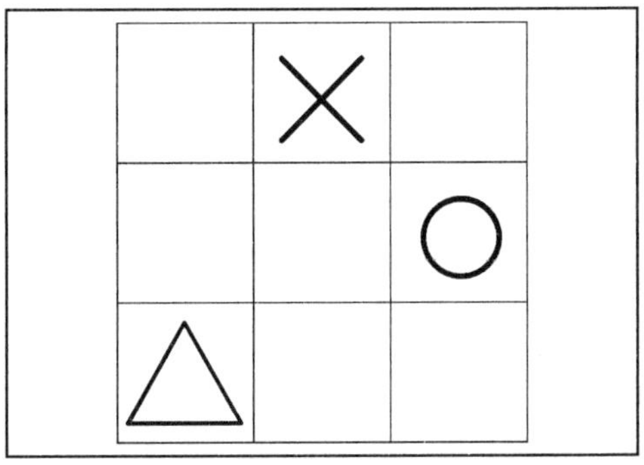

［2018年度出題］

学習のポイント

当校入試で、例年出題されている見る記憶の問題です。見本の絵は黒板に貼り出され、それを見て記憶します。そのあと、絵が剥がされ、見られない状態で問題に取り組みます。20秒という短い時間で絵を覚えることになります。まず全体を見て、その後、細かい部分を覚えるように視点を動かすということをしましょう。ふだんの練習では、「全体→部分」という視点を変化することを身に付けるようにしましょう。最初からこの視点を変化をすることは難しいと思います。ですので保護者の方は最初は絵を一緒に見たあとに、お子さまにいくつか質問をしましょう。例えば、絵に描かれていたことを自由に言わせてみたり、描かれていたものについて聞き取ったり、位置について聞いてみたりというように進めます。それを繰り返し行っていきましょう。そうすればお子さまは慣れていき、実際の試験のように絵を見せたあとにそのまま問題を解いても答えられるようになります。

【おすすめ問題集】

Ｊｒ・ウォッチャー20「見る記憶・聴く記憶」

問題38　分野：お話の記憶

聞く　集中

〈準備〉　鉛筆

〈問題〉　今日は「どうぶつ村の運動会」の日です。ウサギさんは朝早くから起きて、元気にお母さんとお父さんと運動場へ行きました。運動場に着くと、友だちのゾウさんとイヌさんに会い、「一緒にがんばろうね」と声をかけあいました。先生の合図でみんなが集まりました。いよいよ運動会のスタートです。
はじめの種目はかけっこです。ウサギさんは３位を走っていましたが、がんばって前を走っていたクマさんを抜くことができました。でも、その前を走っていたゾウさんを抜かせず、２位でした。２位のご褒美にブドウをもらいました。次の種目は綱引きです。ウサギさんはお友だちのゾウさんとイヌさんとウマさんと力をあわせて綱を引き、勝つことができました。
お昼になりました。応援に来てくれたウサギさんのお母さんとお父さんと一緒にお弁当を食べました。お弁当の中にはウサギさんの大好きなニンジン、ミニトマト、サクランボが入っていました。ウサギさんは大よろこびでたくさん食べました。
お昼ご飯の後は、みんなで曲に合わせてダンスです。ウサギさんは旗を、ゾウさんはうちわを、イヌさんはタンバリンを持って踊りました。
楽しかった運動会ももう終わり。そろそろお家に帰ります。お父さんとお母さんも「よくがんばったね」とたくさんほめてくれました。とっても楽しい１日になりました。

①かけっこで１位になった動物に、○をつけてください。
②ウサギさんがかけっこのご褒美にもらったものに、○をつけてください。
③綱引きで綱をひいた動物の数だけ、四角の中に○を書いてください。
④お昼のお弁当に入っていた食べ物はどれですか。全部に○をつけてください。
⑤ウサギさんがダンスで使ったものに、○をつけてください。

〈時間〉　各10秒

〈解答〉　①○：左から２番目（ゾウ）　②○：左から３番目（ブドウ）　③○：４
④○：サクランボ、ニンジン、ミニトマト　⑤○：右端（旗）

［2018年度出題］

学習のポイント

お話の記憶の問題は、毎年出題されています。お話はそれほど長いものではなく、内容もわかりやすいものが多いです。確実に聞き取れるように練習してください。お話を聞き取る時のポイントは、「誰が」「どうした」というような細かい部分です。細かい部分を聞き取るためには、お話の流れを頭に思い浮かべながら聞き取ることをしましょう。日頃の学習で、この問題同様の類題問題をこなすことももちろん大切ですが、日頃から絵本を読み聞かせるということでも、ここで大切な「誰が」「どうした」というような細かい部分を聞き取る学習はできます。絵本を読み終えてから、「登場人物は何をしたかな？」などの質問をすることにより、お子さまは頭に思い浮かべながら考えようとします。これを繰り返し行っていけば、自然と「誰が」「どうした」というような細かい部分も聞き取れるようになります。

【おすすめ問題集】

1話5分の読み聞かせお話集①・②、1話7分の読み聞かせお話集入試実践編①、お話の記憶 初級編・中級編、Ｊｒ・ウォッチャー19「お話の記憶」

問題39　分野：常識（なぞなぞ）

観察　聞く

〈準 備〉　鉛筆

〈問 題〉　これからなぞなぞを２問出します。ヒントを３つ言いますので、あてはまる絵に〇をつけてください。
①乗ることができます。窓があります。飛ぶことができます。
②小さいです。虫です。飛ぶことができます。

〈時 間〉　各10秒

〈解 答〉　①左上（ひこうき）　②右上（テントウムシ）

［2018年度出題］

学習のポイント

この問題は常識分野の問題です。身の回りにあるそれぞれのものに対して、名称だけでなく、「どのようなものか」まで知っているかどうかがポイントになっています。どれぐらいの大きさ、どんなはたらき、何に分類されるかなどを名前とともに理解しておく必要があります。こういった知識分野の問題を学習したする時は、テレビやインターネット、図鑑などさまざまなメディアを通して触れることが大切です。もちろん実際に乗り物に乗るなど直接触れることは知識が深まる体験の１つになるのでぜひ機会があれば行いましょう。

【おすすめ問題集】

Ｊｒ・ウォッチャー11「いろいろな仲間」、27「理科」、55「理科②」

問題40　分野：行動推理　観察　考え

〈準備〉　鉛筆

〈問題〉　絵を見てください。
①先生に「ネコの顔が描いてある引き出しに絵本を入れて」と言われました。でも、サルの顔が描いてある引出しに入れてしまいました。絵本の入っている引出しに、○をつけてください。
②先生に「イヌの顔が描いてある引き出しにボールを入れて」と言われました。でも、下の段の右から２番目の引き出しに入れてしまいました。ボールが入っているところに、△をつけてください。
③太郎君はウサギの引き出しに人形を入れました。太郎君がトイレに行っている間に、花子さんが人形をネコの引き出しに入れ替えてしまいました。トイレから戻ってきた太郎君が最初に人形を探す引き出しに、×をつけてください。

〈時間〉　各15秒

〈解答〉　下図参照

[2018年度出題]

学習のポイント

行動推理は、例年出題される当校の特徴的な問題の１つです。この問題のポイントは自分ならこうすると考えるのではなく、他人がどう動いたかをきちんと考えることができることです。間違えてしまうお子さまがいるのであれば、①の場合、先生に「ネコの顔が描いてある引き出しに絵本を入れて」と言われたら、ぼく（わたし）なら入れるという考えを捨てることができなかったのでしょう。小学校入学後のお友だちとの関わりの中で、相手の行動を理解することは求められます。時には、こういった簡単な指示も間違えてしまうお友だちもいるかもしれません。そういったお友だちを理解するという気持ちを考えるための学習だと思いましょう。

【おすすめ問題集】

Ｊｒ・ウォッチャー20「見る記憶・聴く記憶」、31「推理思考」

星美学園小学校　専用注文書

年　　月　　日

合格のための問題集ベスト・セレクション

＊入試頻出分野ベスト３

1st　推　理

集中力　聞く力　観察力　思考力

2nd　図　形

観察力　思考力

3rd　お話の記憶

集中力　聞く力

推理分野の問題では行動推理のように独特の形式で出題されます。さまざまな分野が出題されるので幅広く学習しましょう。図形分野では高い観察力、お話の記憶では細かい部分まで聞く力が必要です。

分野	書　名	価格(税抜)	注文	分野	書　名	価格(税抜)	注文
図形	Ｊｒ・ウォッチャー１「点・線図形」	1,500円	冊	言語	Ｊｒ・ウォッチャー49「しりとり」	1,500円	冊
図形	Ｊｒ・ウォッチャー５「回転・展開」	1,500円	冊	巧緻性	Ｊｒ・ウォッチャー51「運筆①」	1,500円	冊
推理	Ｊｒ・ウォッチャー15「比較」	1,500円	冊	巧緻性	Ｊｒ・ウォッチャー52「運筆②」	1,500円	冊
言語	Ｊｒ・ウォッチャー17「言葉の音遊び」	1,500円	冊	図形	Ｊｒ・ウォッチャー54「図形の構成」	1,500円	冊
言語	Ｊｒ・ウォッチャー18「いろいろな言葉」	1,500円	冊	推理	Ｊｒ・ウォッチャー58「比較②」	1,500円	冊
記憶	Ｊｒ・ウォッチャー20「見る記憶・聴く記憶」	1,500円	冊	言語	Ｊｒ・ウォッチャー60「言葉の音（おん）」	1,500円	冊
推理	Ｊｒ・ウォッチャー31「推理思考」	1,500円	冊		ウォッチャーズアレンジ①②③④	2,000円	各　冊
推理	Ｊｒ・ウォッチャー32「ブラックボックス」	1,500円	冊		１話５分の読み聞かせお話集①②	1,800円	各　冊
推理	Ｊｒ・ウォッチャー33「シーソー」	1,500円	冊		お話の記憶 中級編	2,000円	冊
数量	Ｊｒ・ウォッチャー38「たし算・ひき算１」	1,500円	冊		実践 ゆびさきトレーニング①②③	2,500円	各　冊
数量	Ｊｒ・ウォッチャー39「たし算・ひき算２」	1,500円	冊		新 小学校受験の入試面接Ｑ＆Ａ	2,600円	冊
数量	Ｊｒ・ウォッチャー41「数の構成」	1,500円	冊		新 願書・アンケート文例集500	2,600円	冊
数量	Ｊｒ・ウォッチャー42「一対多の対応」	1,500円	冊		保護者の悩みＱ＆Ａ	2,600円	冊
数量	Ｊｒ・ウォッチャー43「数のやりとり」	1,500円	冊		小学校受験入門　願書の書き方から面接まで	2,500円	冊

合計	冊	円

（フリガナ） 氏　名	電　話 ＦＡＸ E-mail
住 所　〒　　　　－	以前にご注文されたことはございますか。 有　・　無

★お近くの書店、または記載の電話・FAX・ホームページにてご注文をお受けしております。
電話：03-5261-8951　FAX：03-5261-8953　代金は書籍合計金額＋送料がかかります。
※なお、落丁・乱丁以外の理由による商品の返品・交換には応じかねます。

★ご記入頂いた個人に関する情報は、当社にて厳重に管理致します。なお、ご購入の商品発送の他に、当社発行の書籍案内、書籍に関する調査に使用させて頂く場合がございますので、予めご了承ください。

日本学習図書株式会社
http://www.nichigaku.jp

問題1

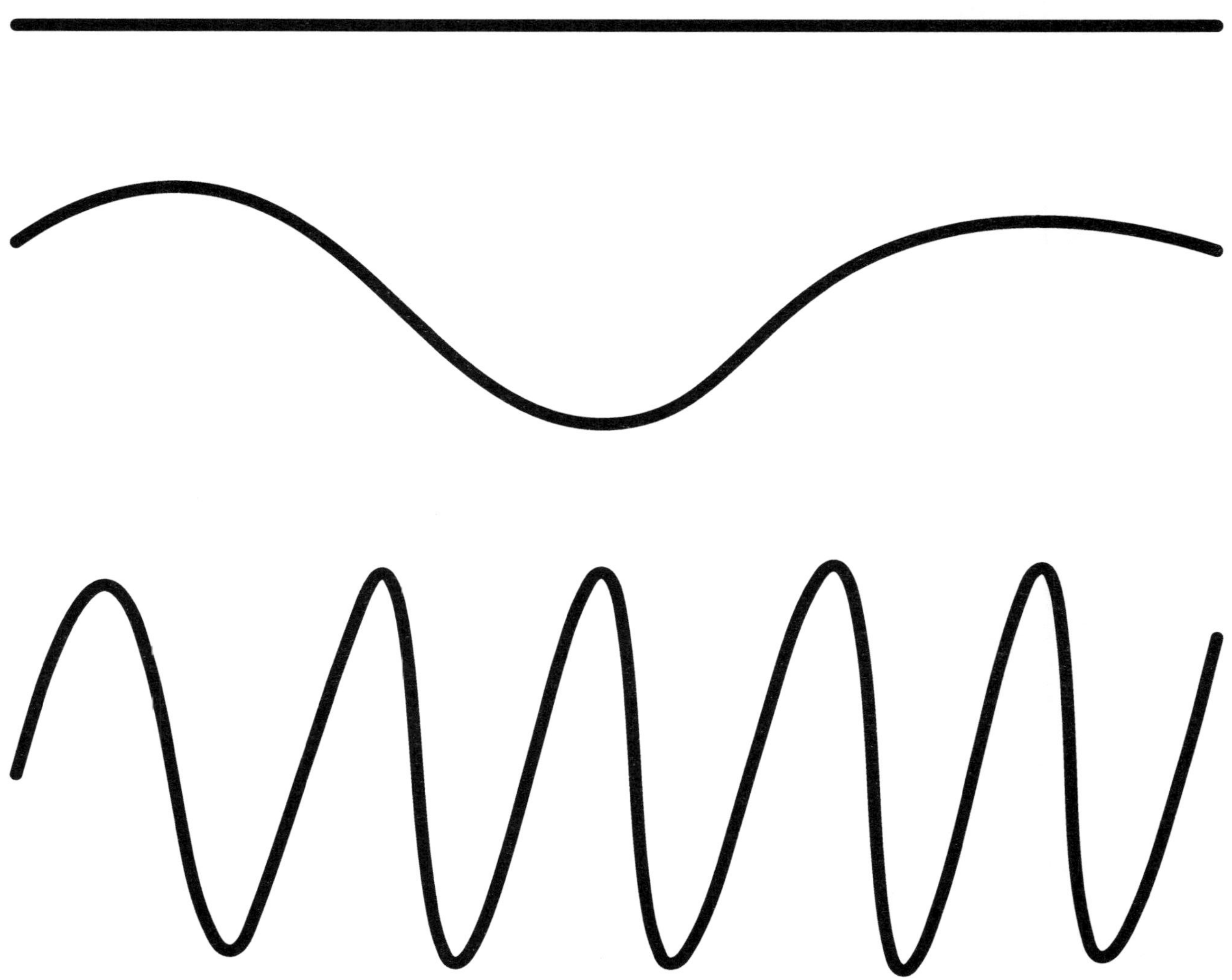

2021年度 星美学園 過去 無断複製／転載を禁ずる 日本学習図書株式会社

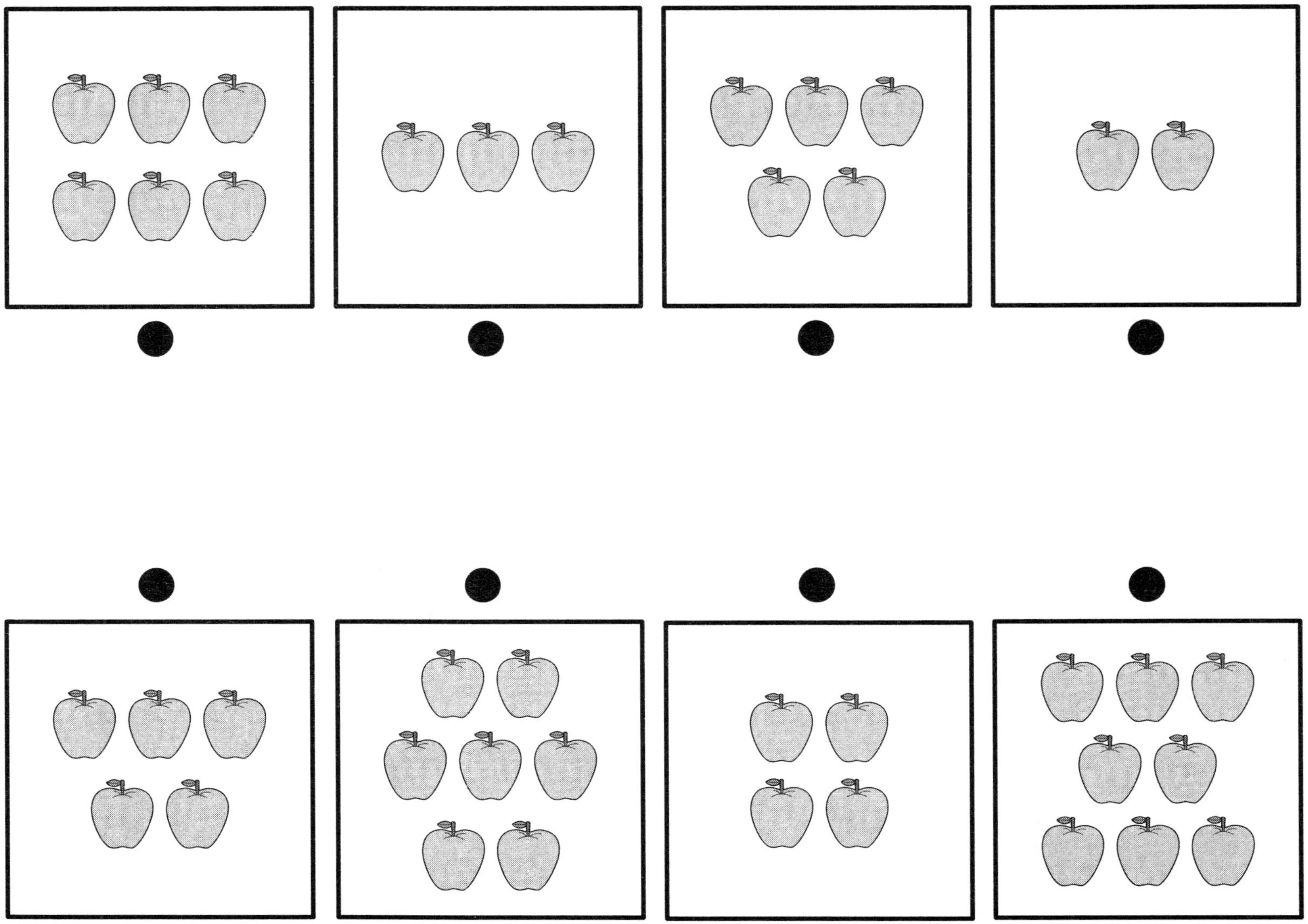

問題3

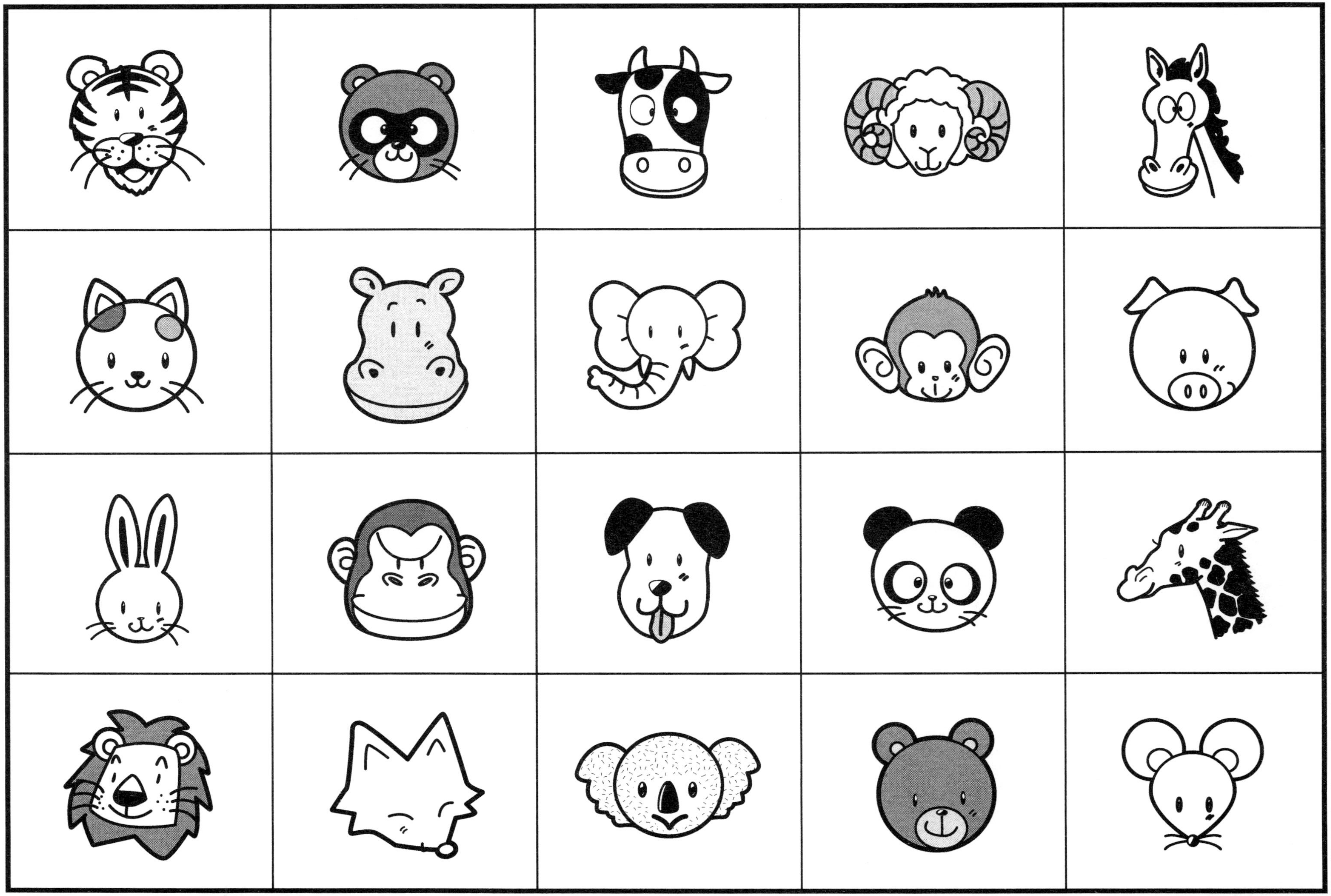

日本学習図書株式会社

①

②

日本学習図書株式会社

2021年度 星美学園 過去 無断複製／転載を禁ずる

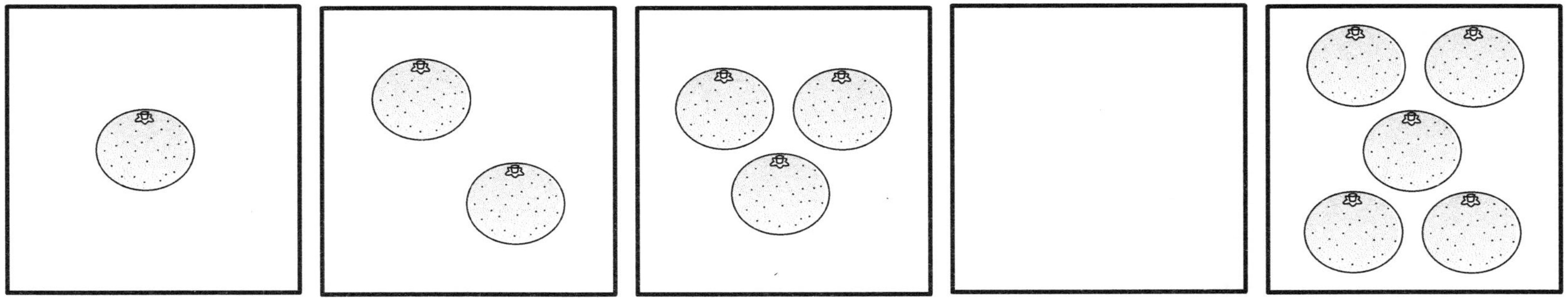

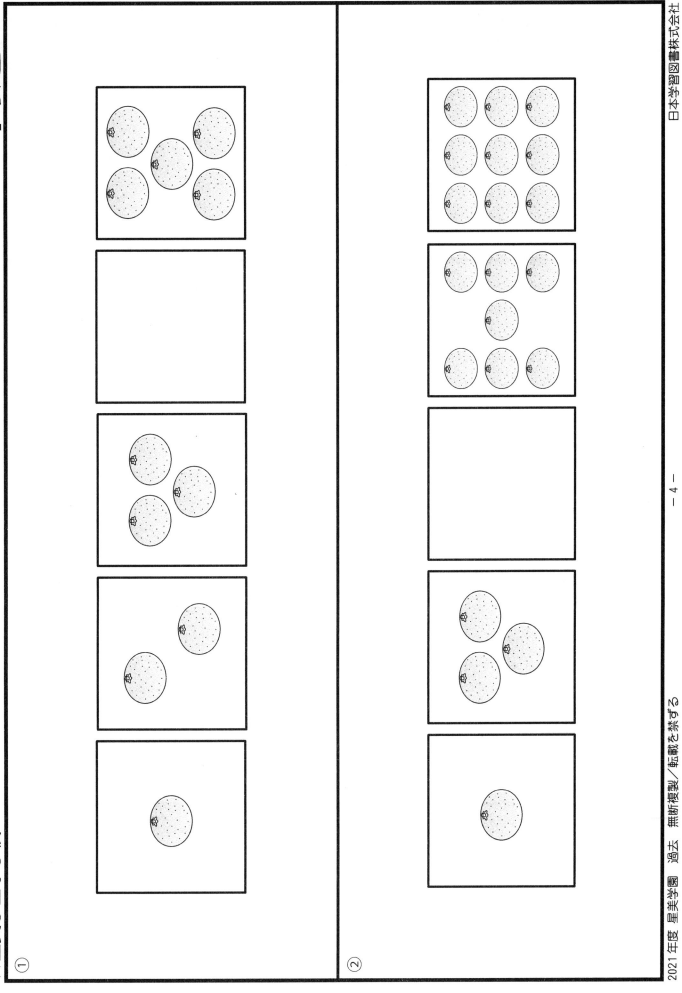

問題5

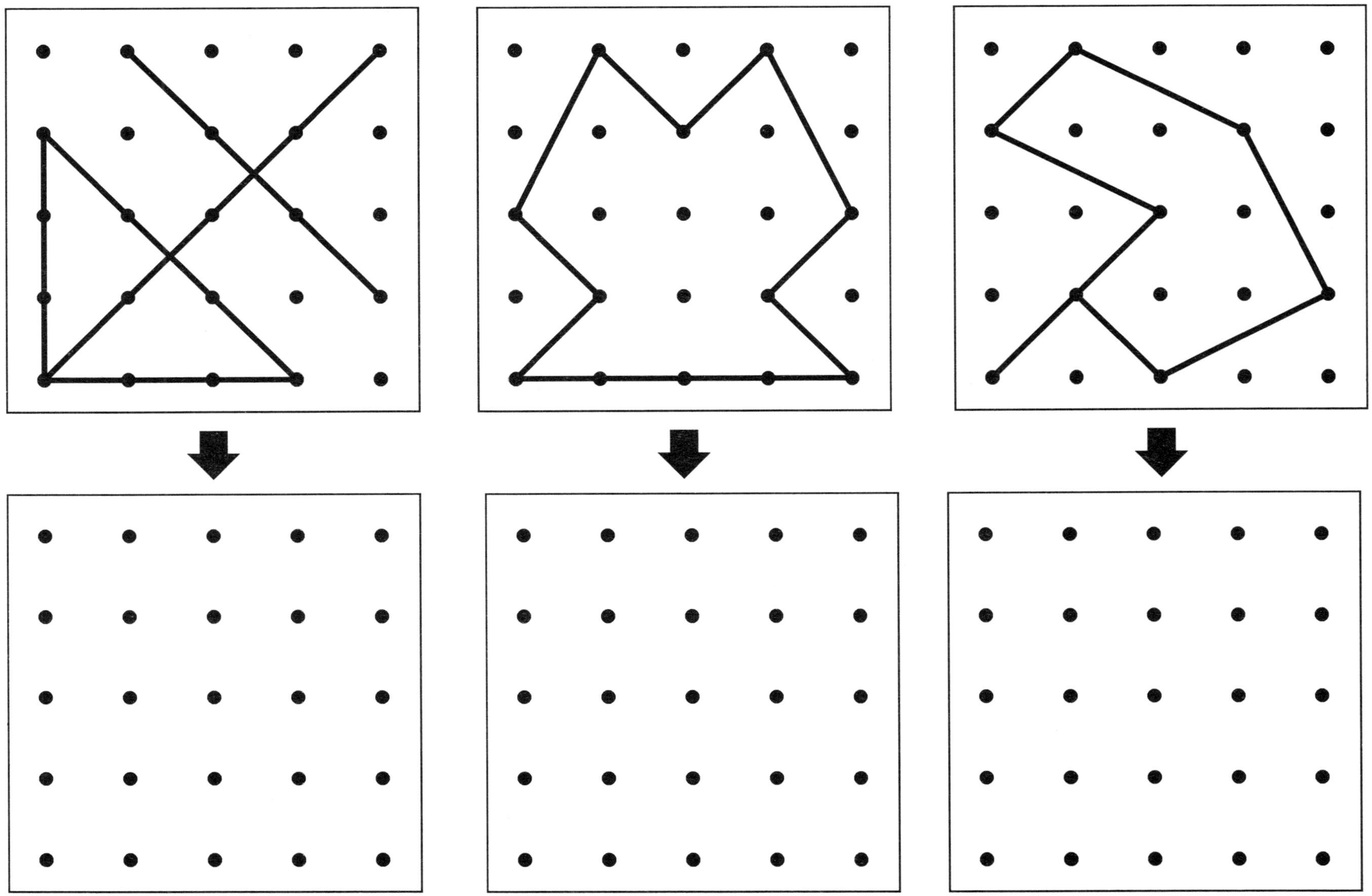

問題6

①

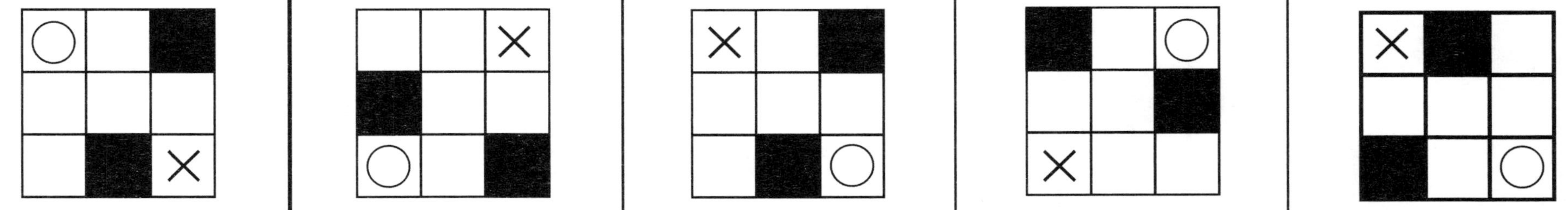

②

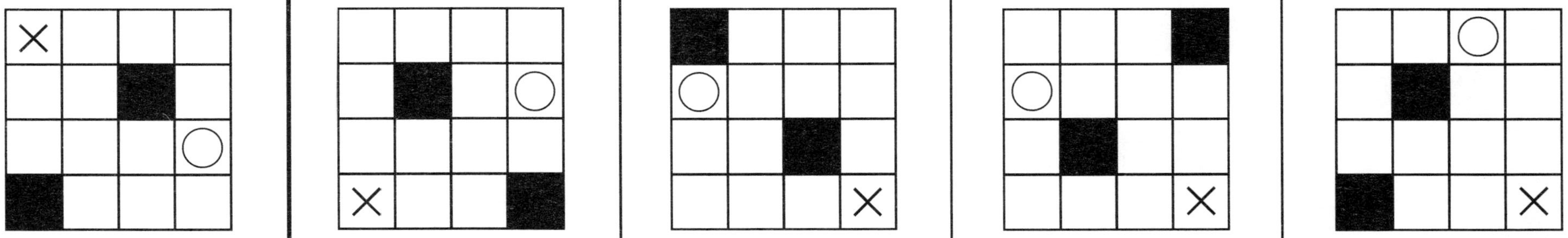

③

④

問題7

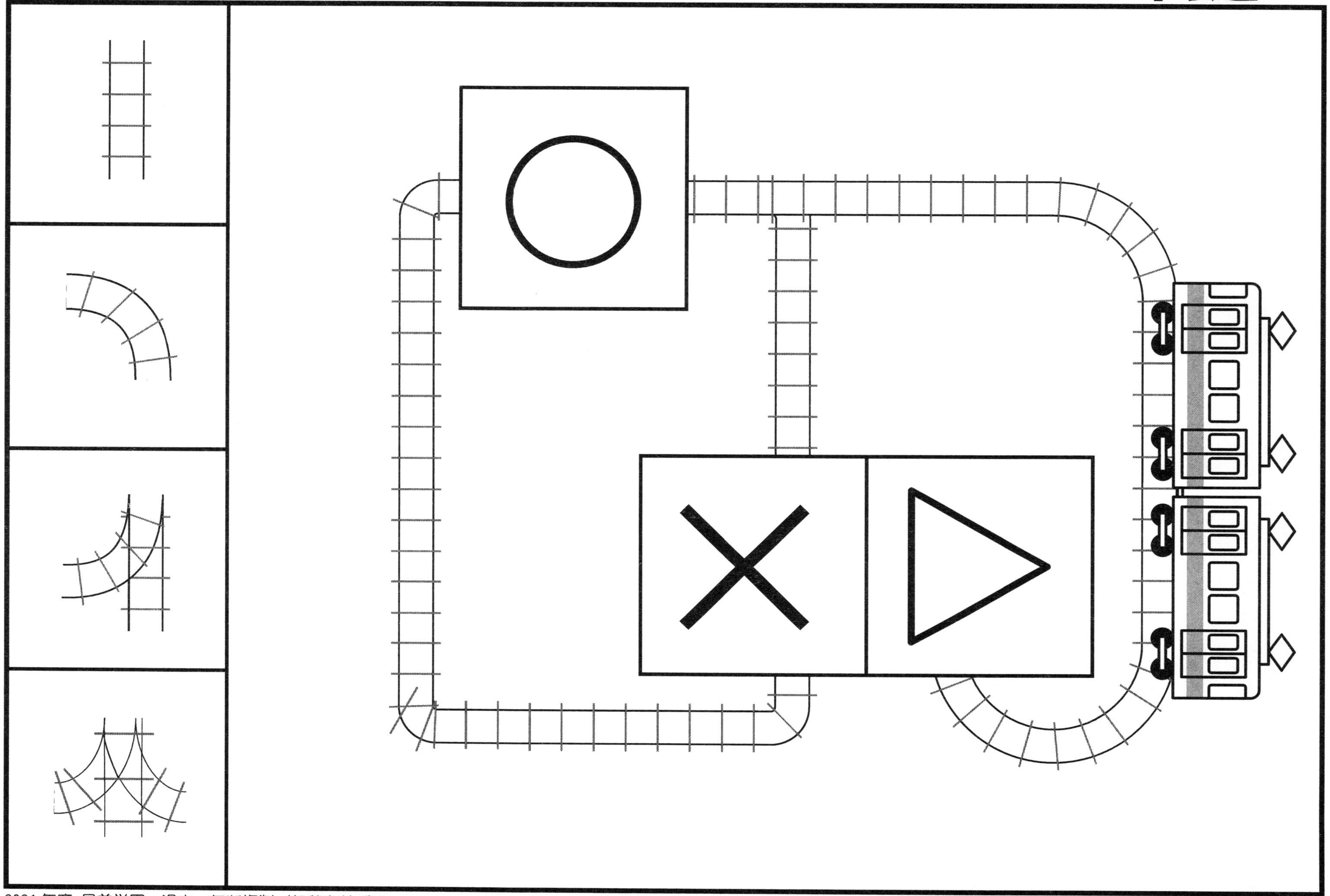

日本学習図書株式会社

☆星美学園小学校

問題8

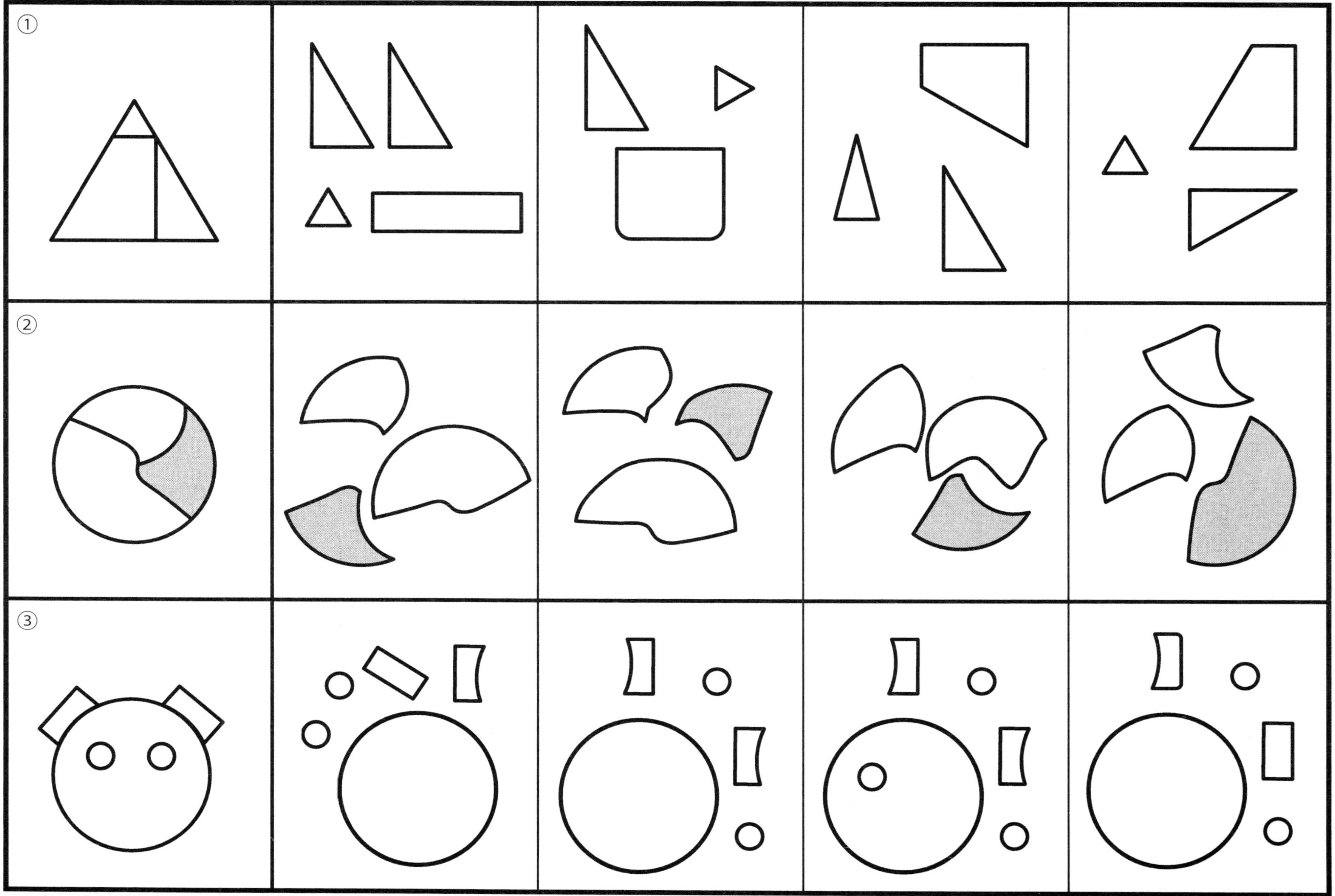

日本学習図書株式会社

問題9

①

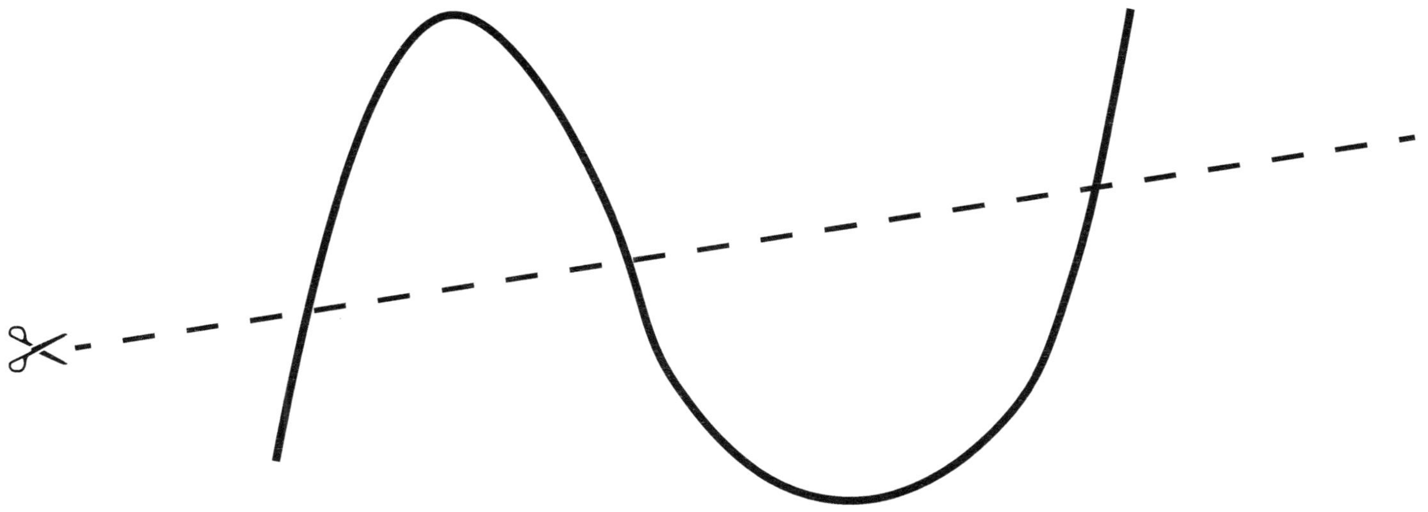

②

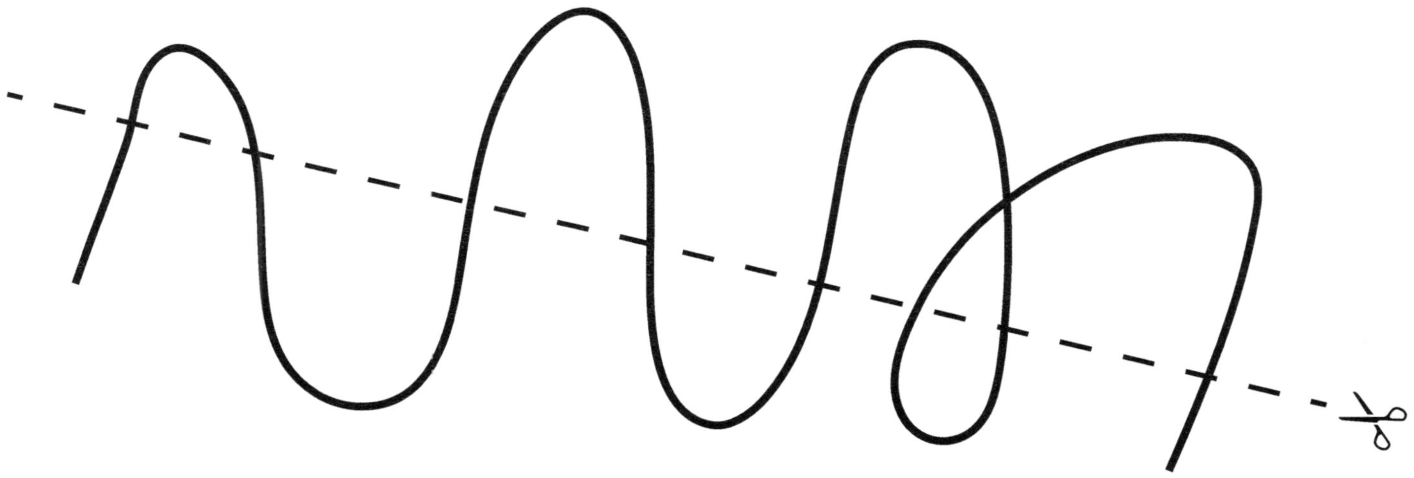

★

☆

2021年度 星美学園 過去　無断複製／転載を禁ずる　　日本学習図書株式会社

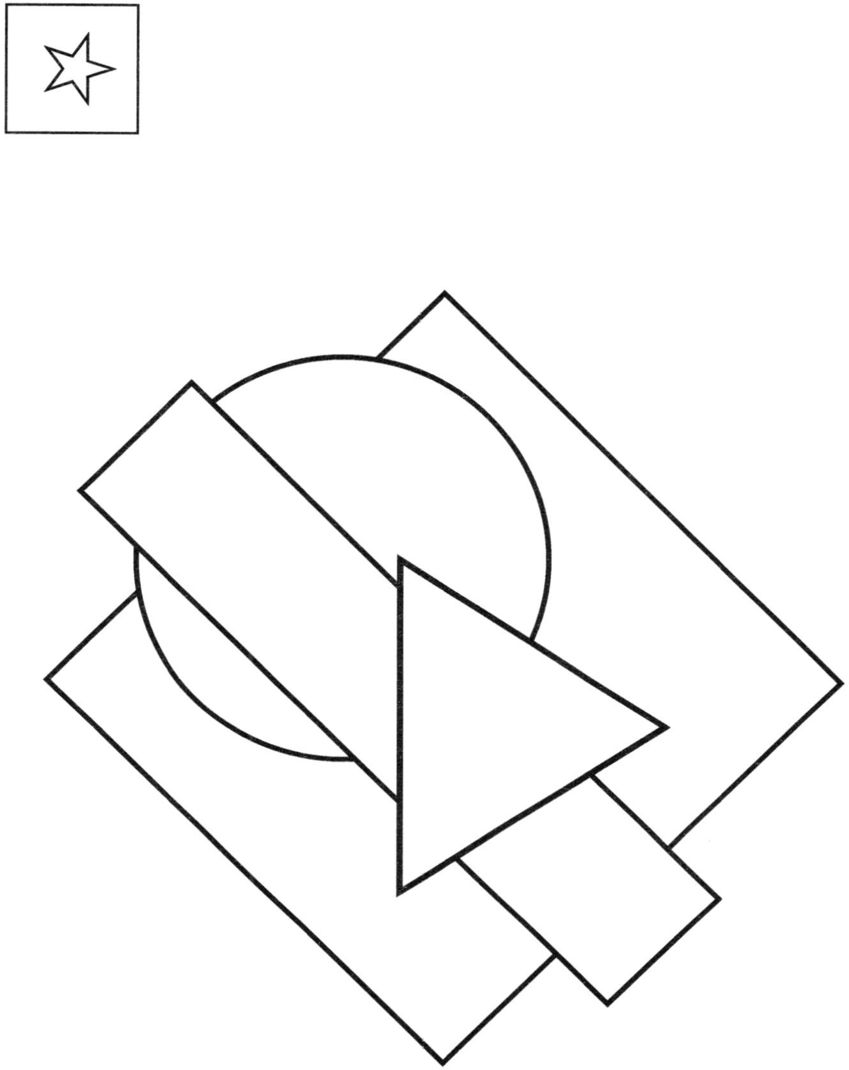

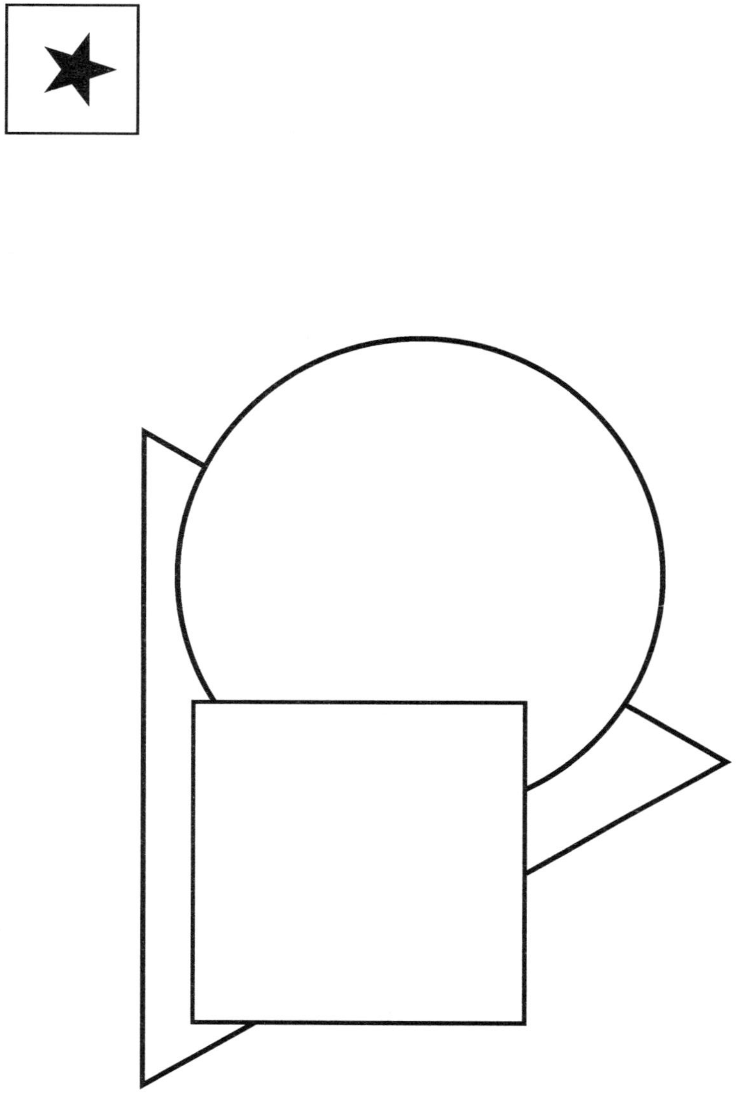

☆星美学園小学校

日本学習図書株式会社

2021 年度 星美学園 過去　無断複製／転載を禁ずる

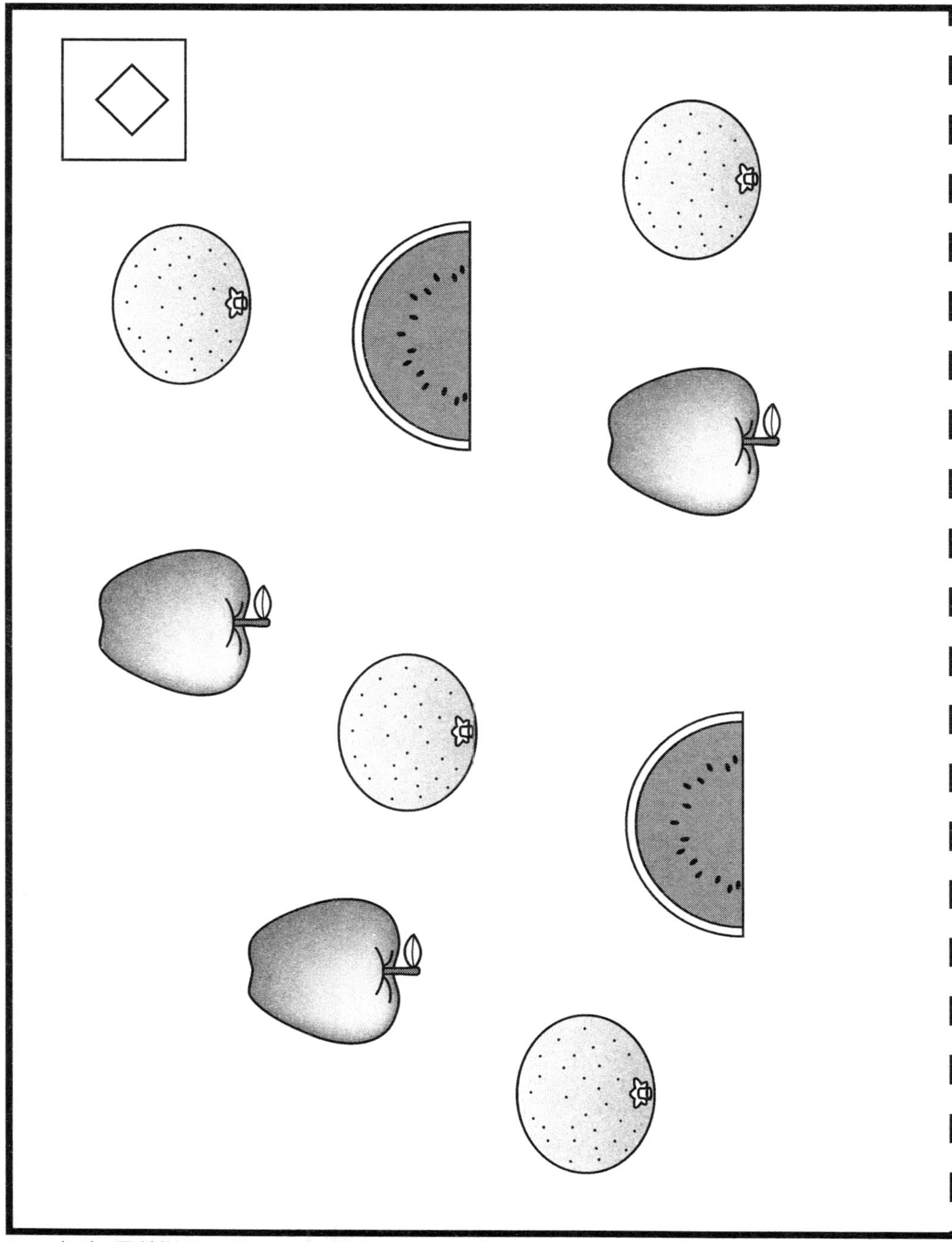

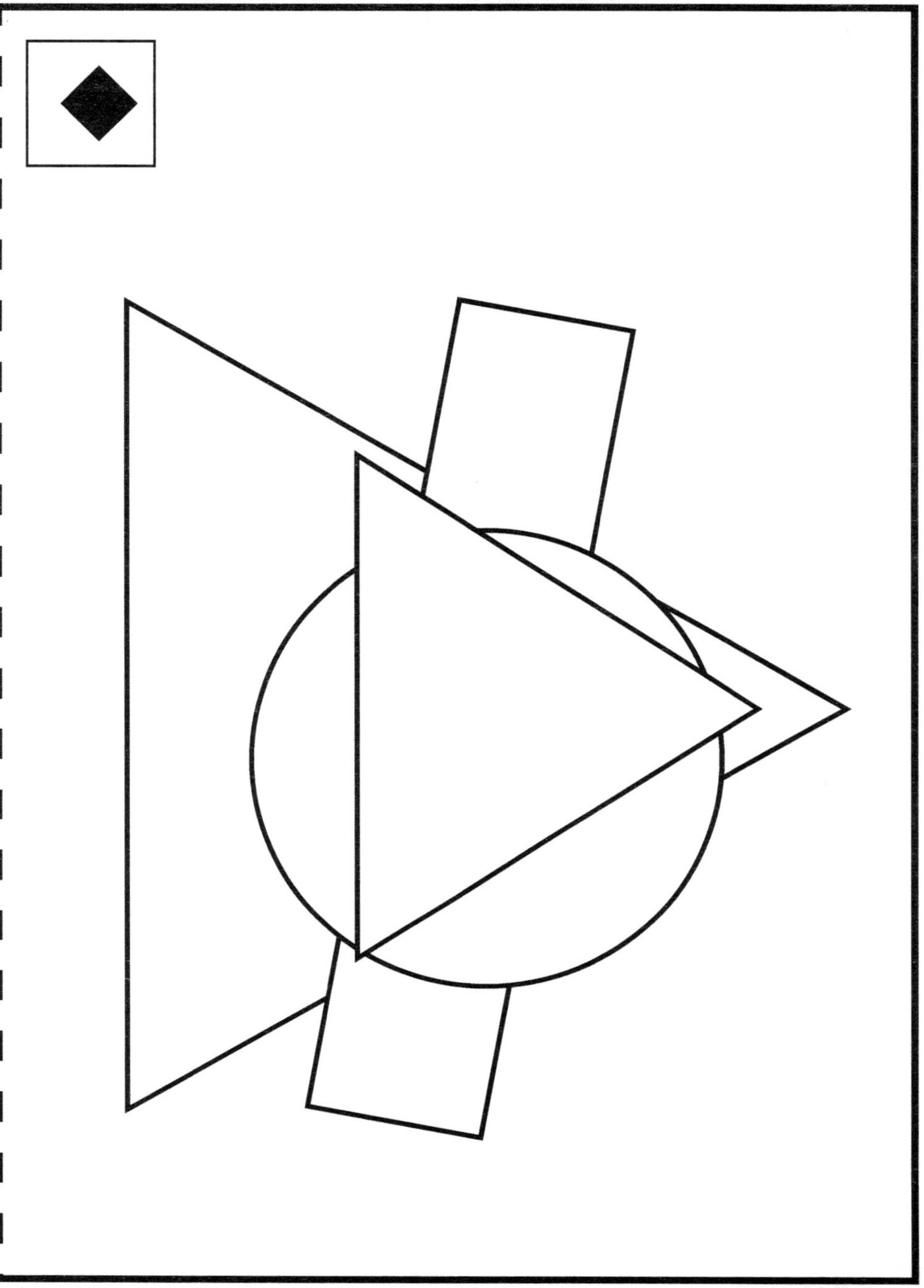

③

④

⑤

☆星美学園小学校

日本学習図書株式会社

2021年度 星美学園 過去

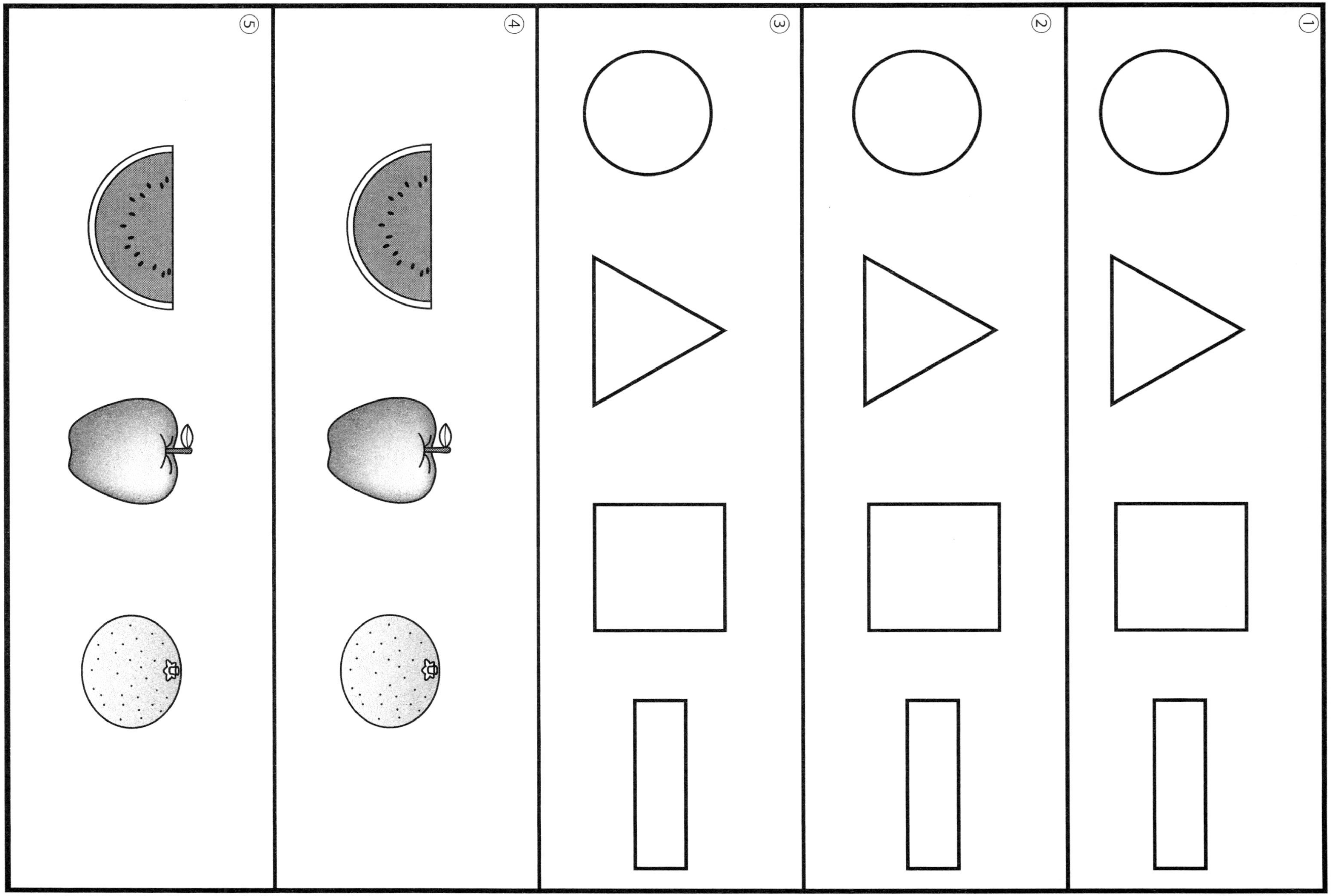

問題11

①

②

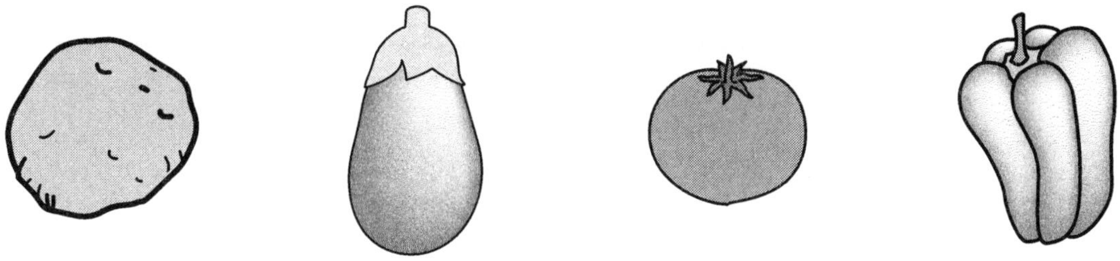

③

④

⑤

☆星美学園小学校

日本学習図書株式会社

問題１２

①

②

問題１３

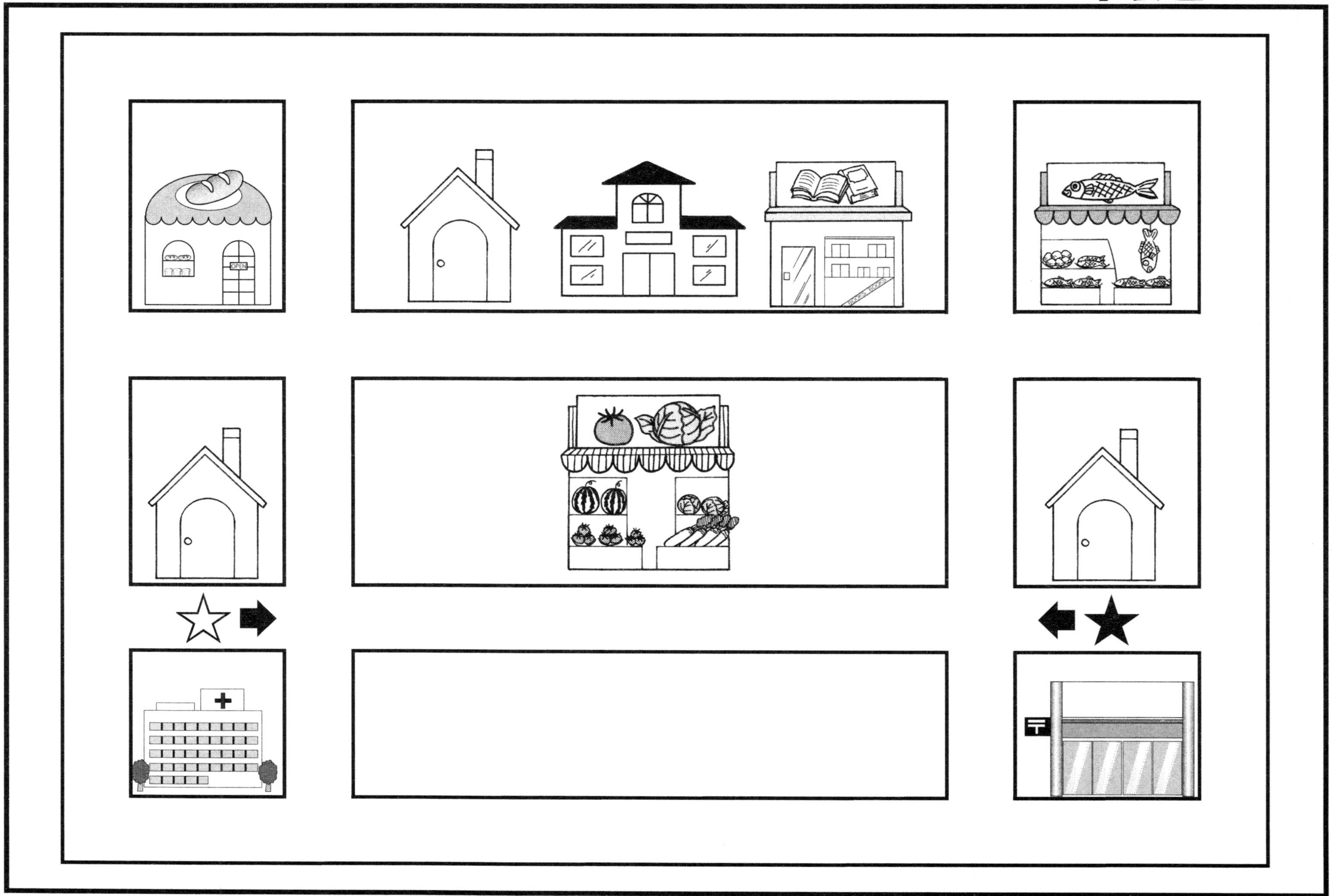

①半分に折る

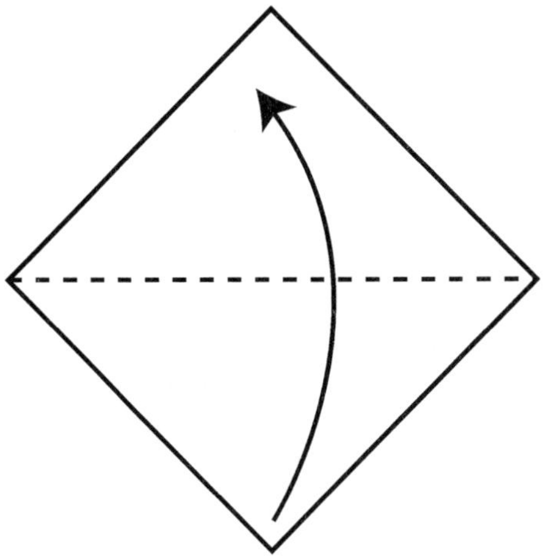

②折り線のところで半分に切る

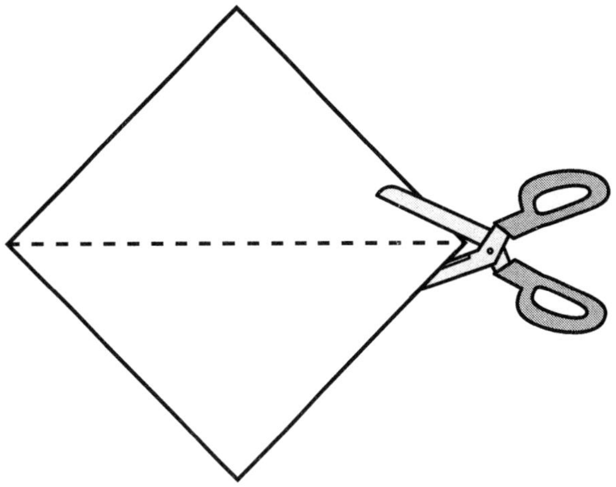

③さらに半分に折る

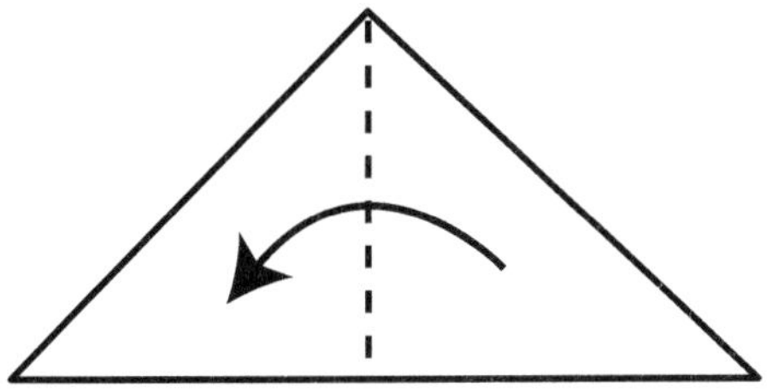

④折り線のところで半分に切る

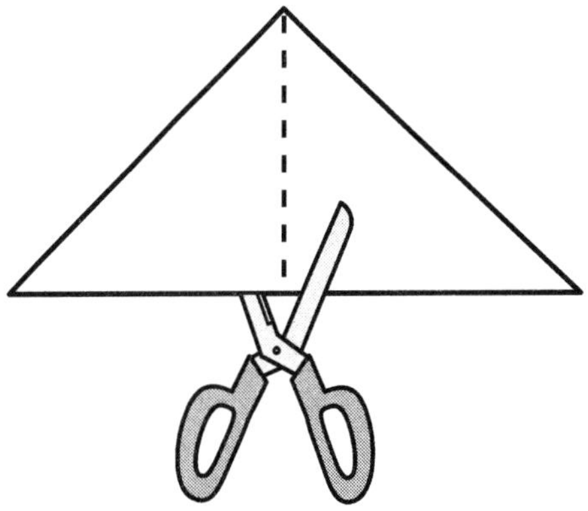

⑤画用紙の上に紙を貼り、クレヨンで絵を描く

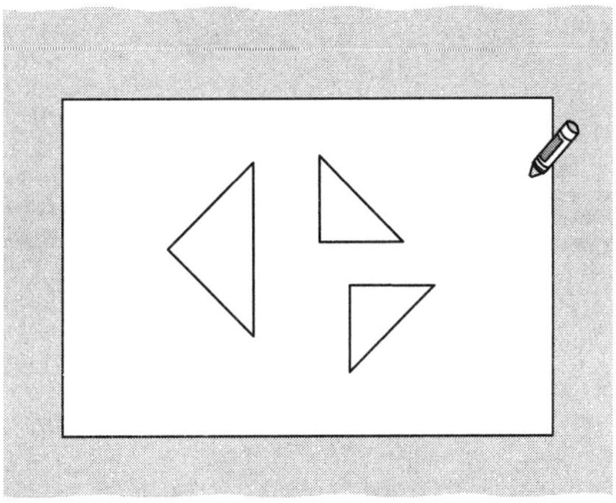

日本学習図書株式会社

①

②

③

2021年度 星美学園 過去　無断複製/転載を禁ずる　日本学習図書株式会社

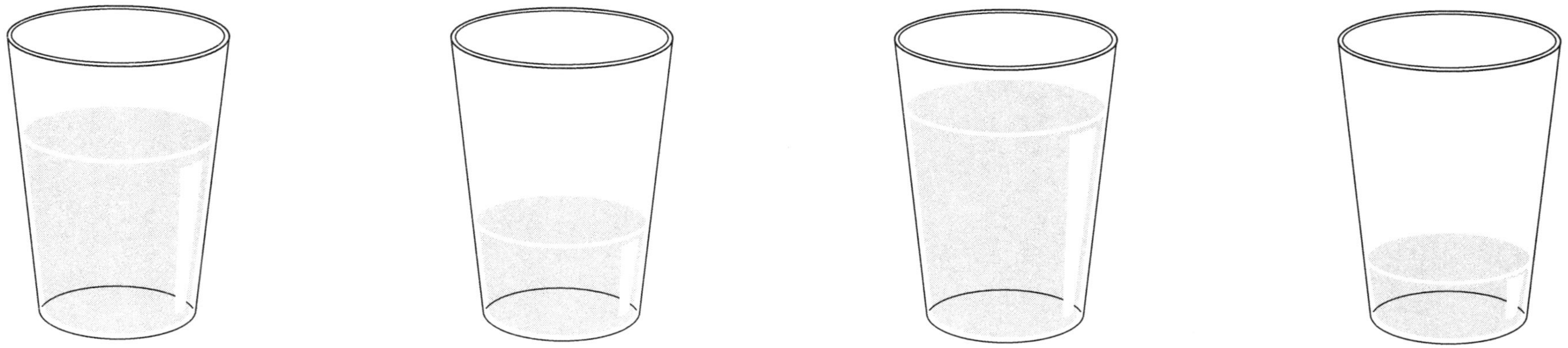

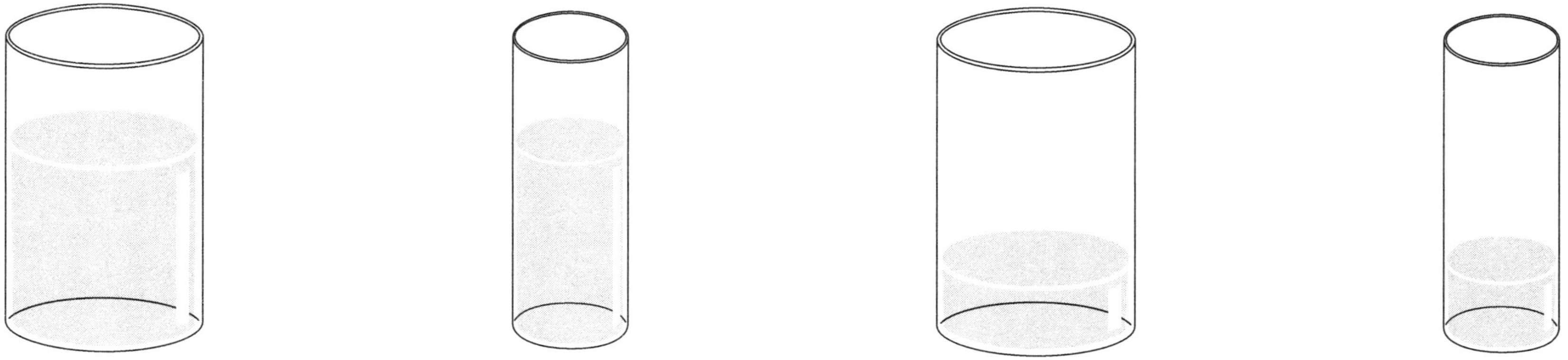

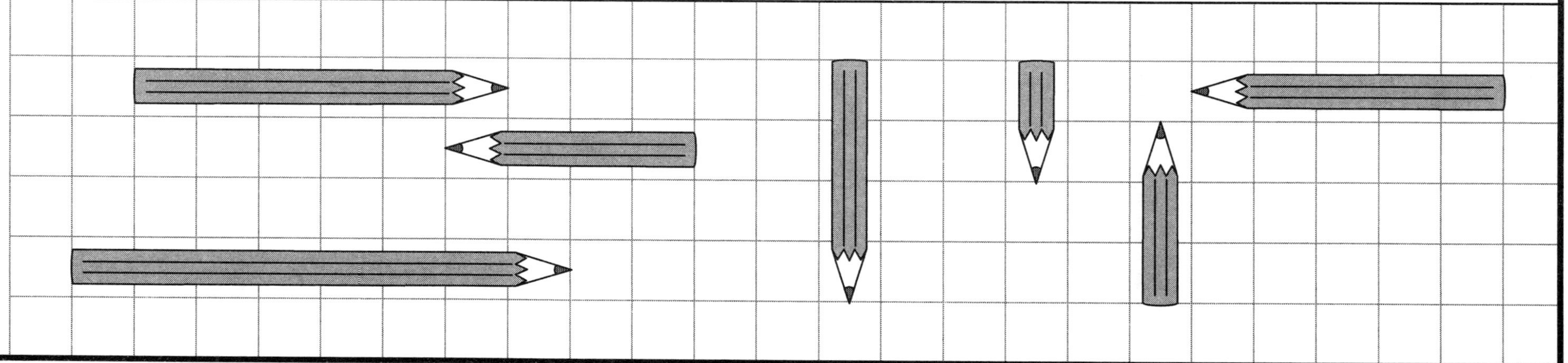

問題１７

①

②

日本学習図書株式会社

問題１８

①

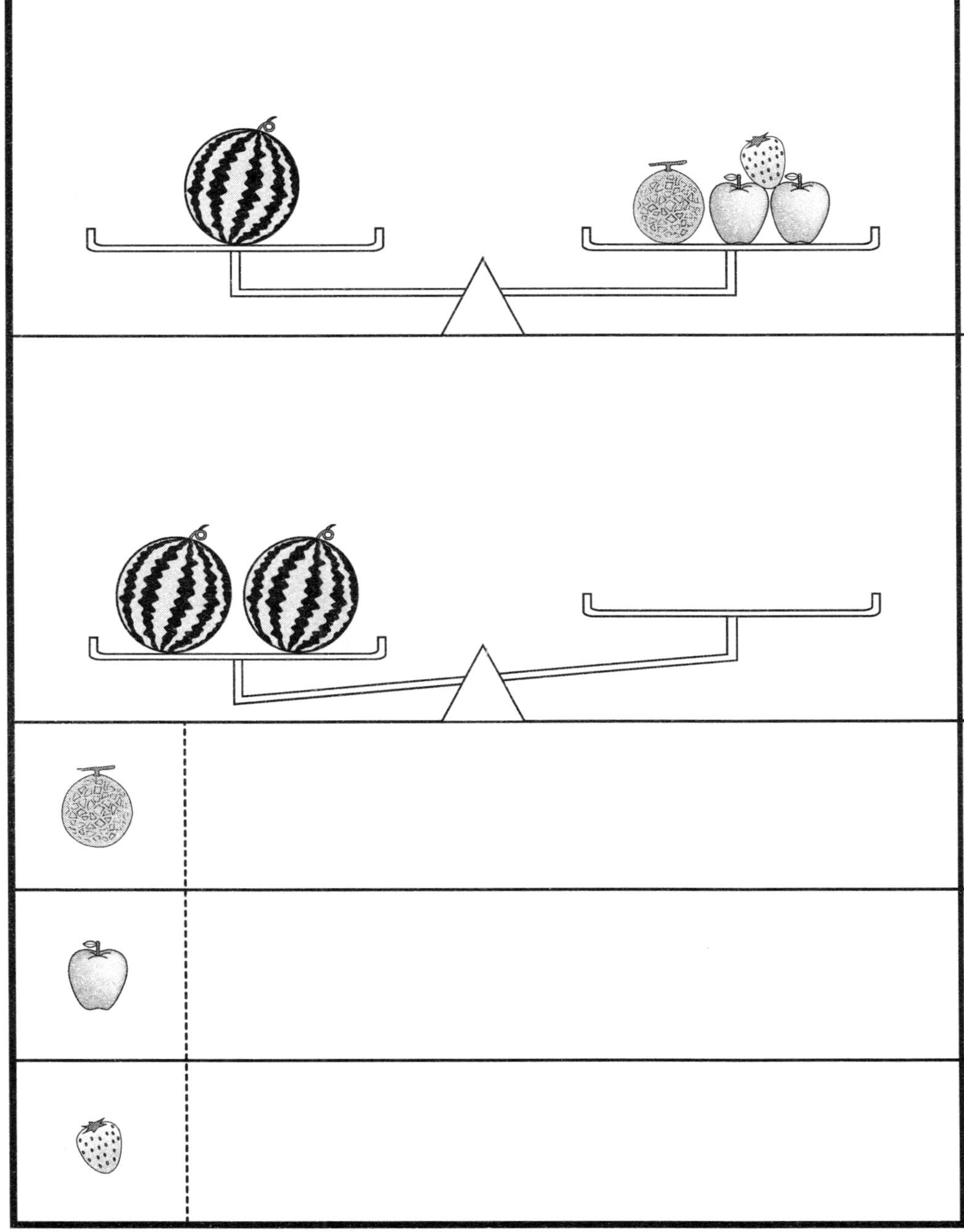

②

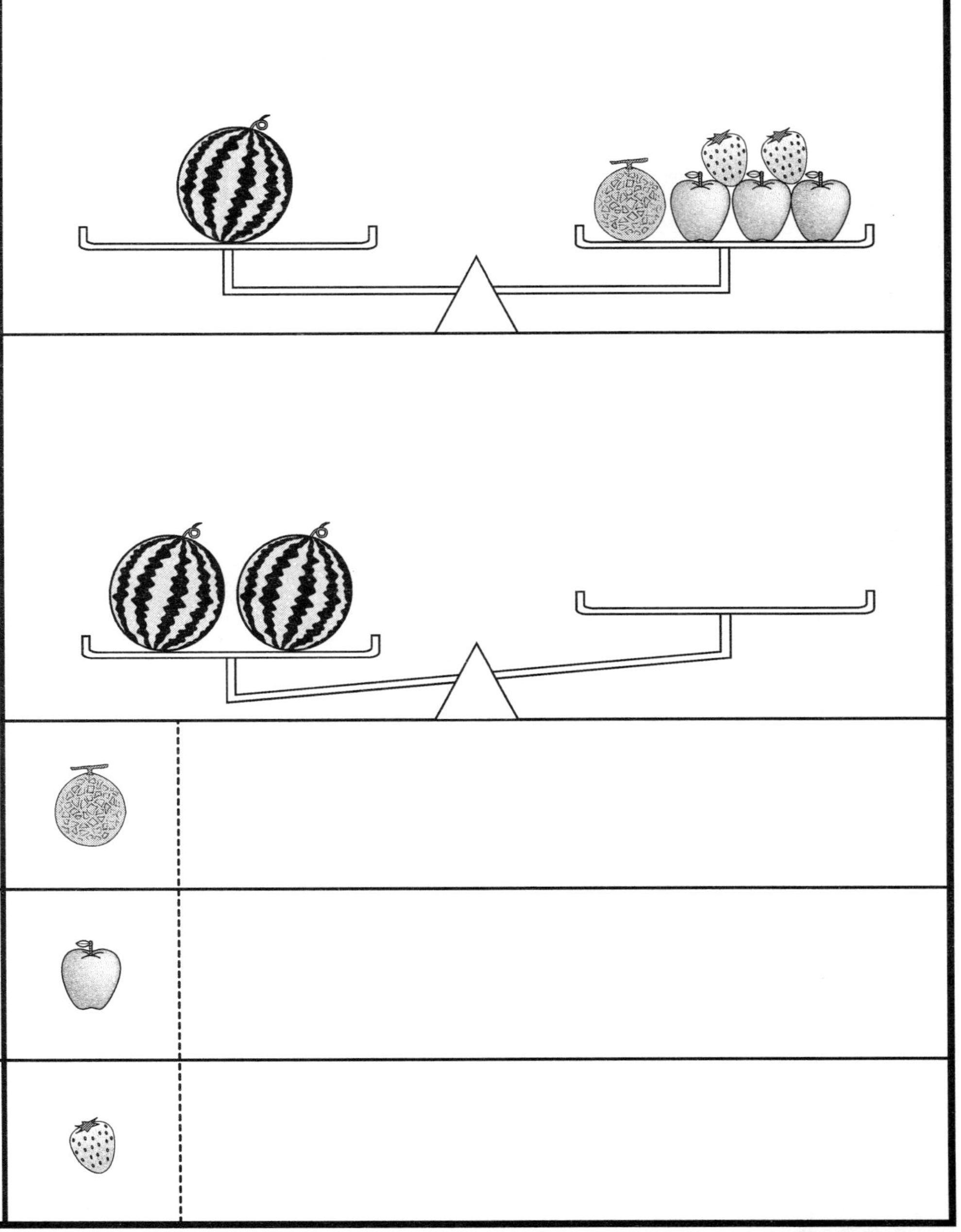

日本学習図書株式会社

☆星美学園小学校

問題１９

①

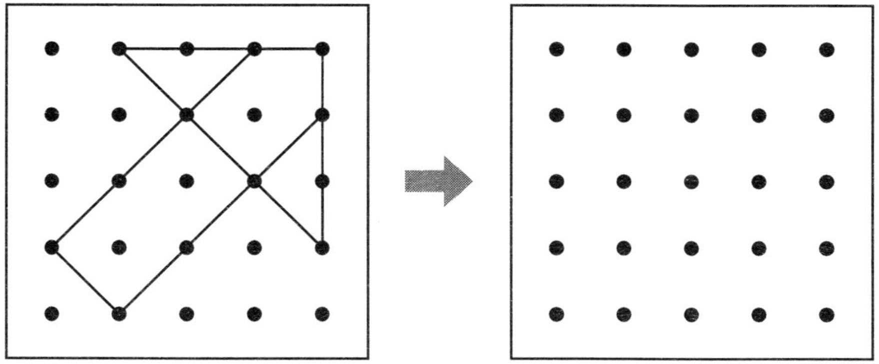

②

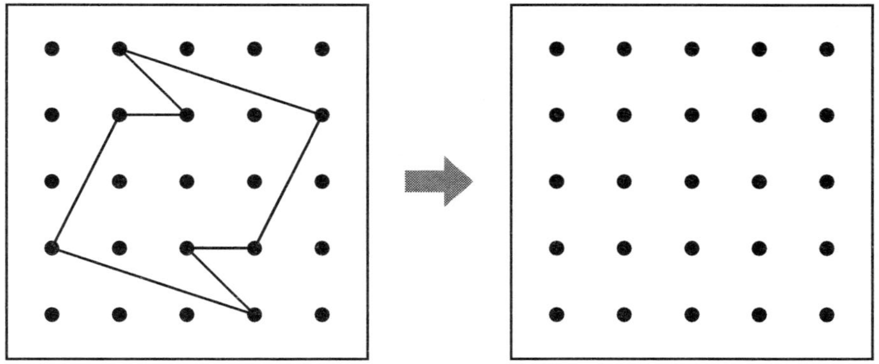

③

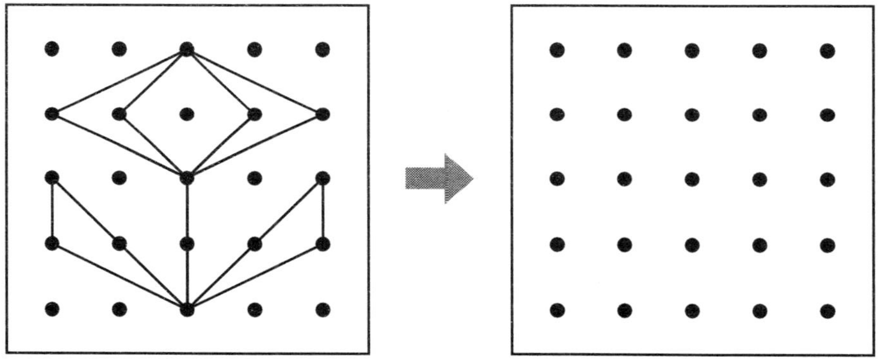

④

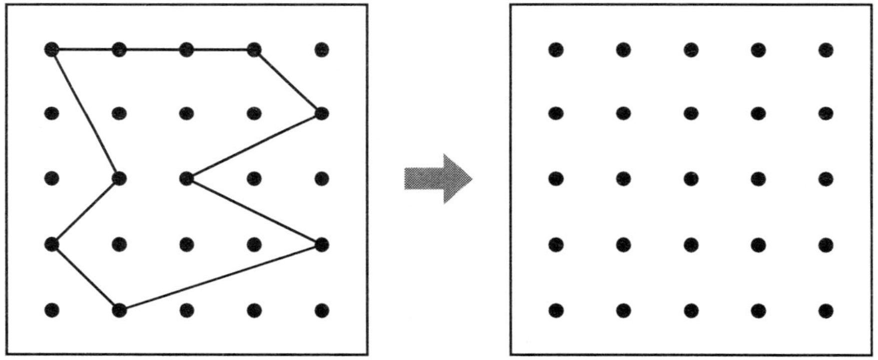

☆星美学園小学校

問題20

①

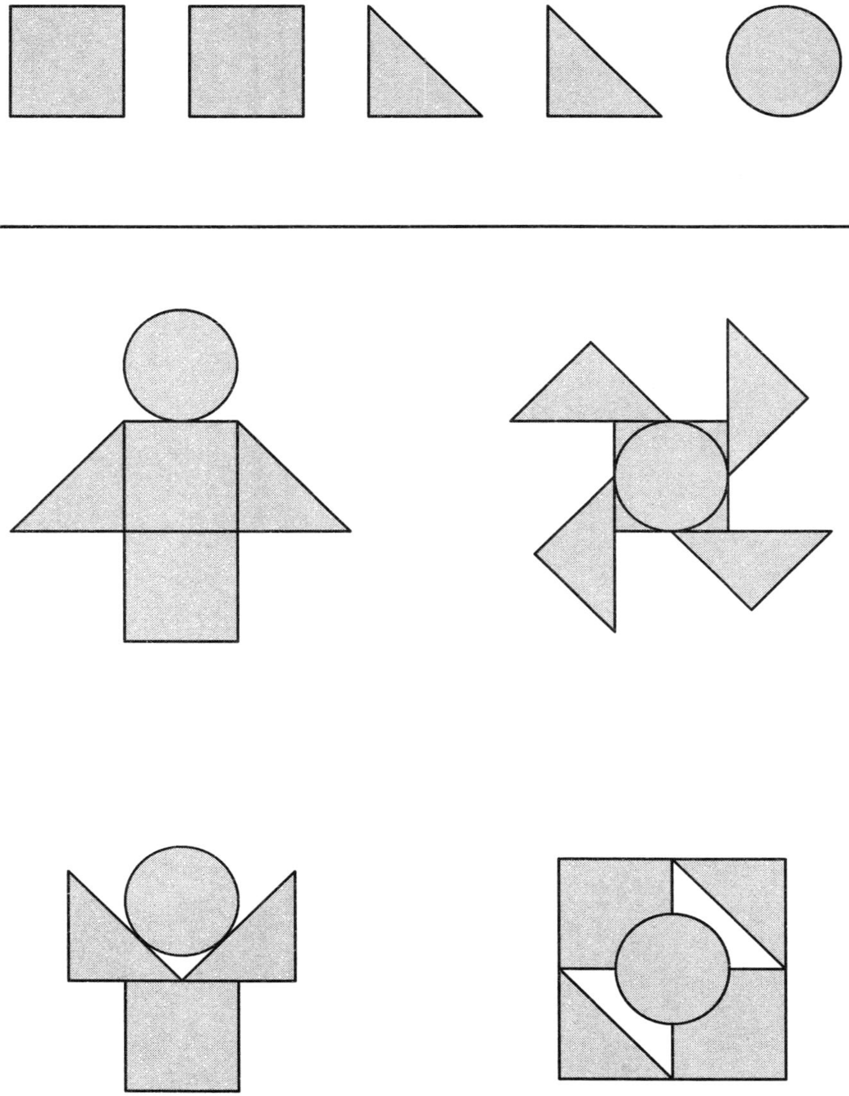

②

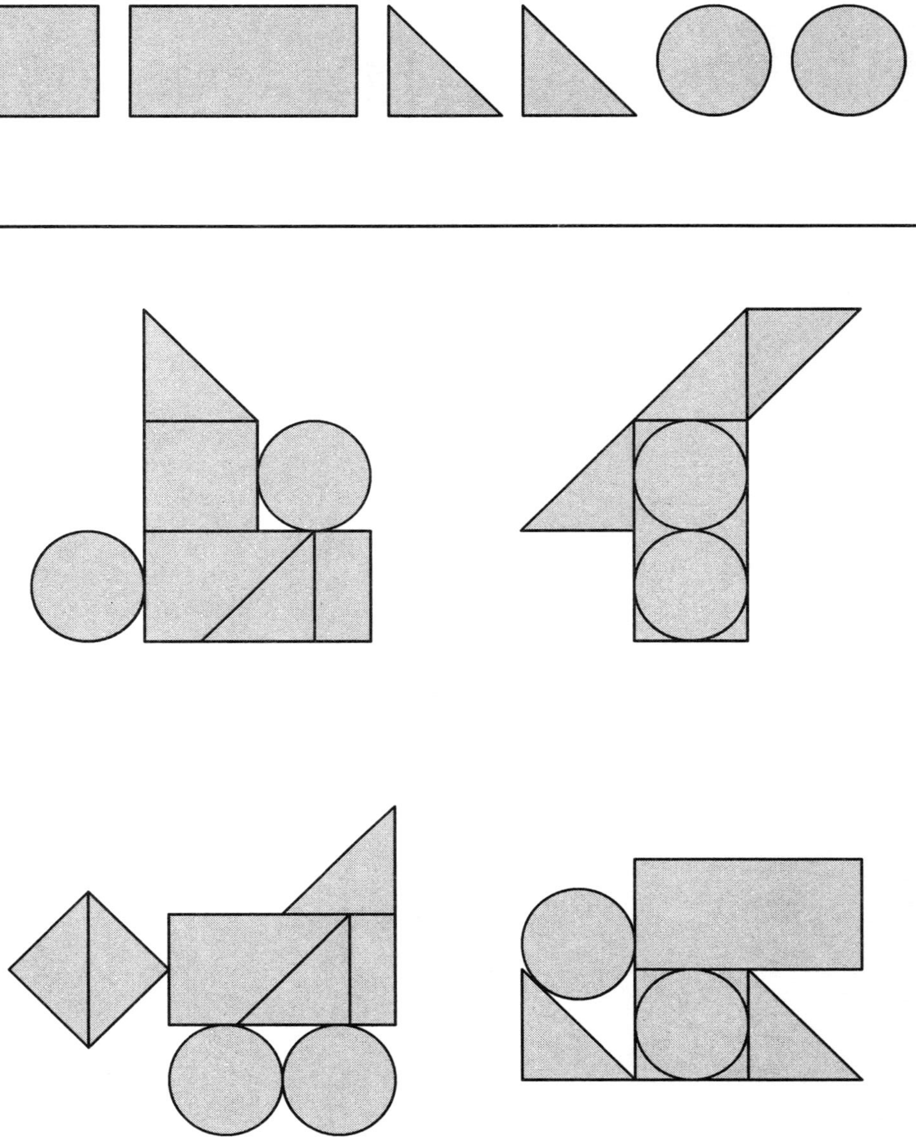

☆星美学園小学校

問題２１－１

①

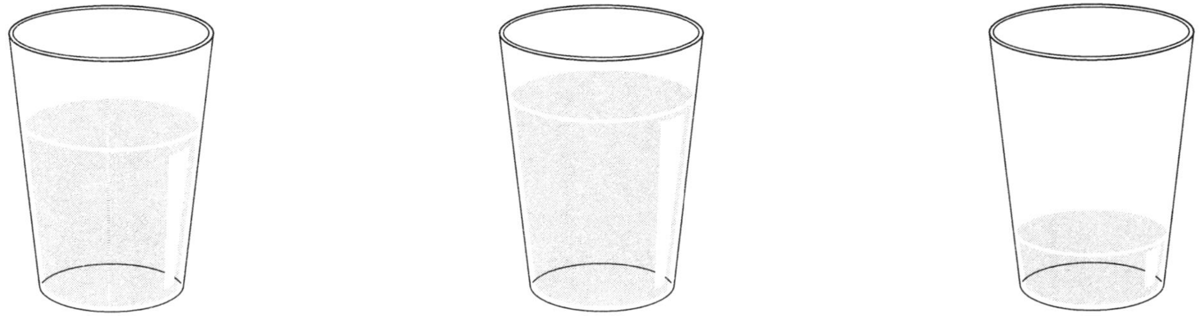

②

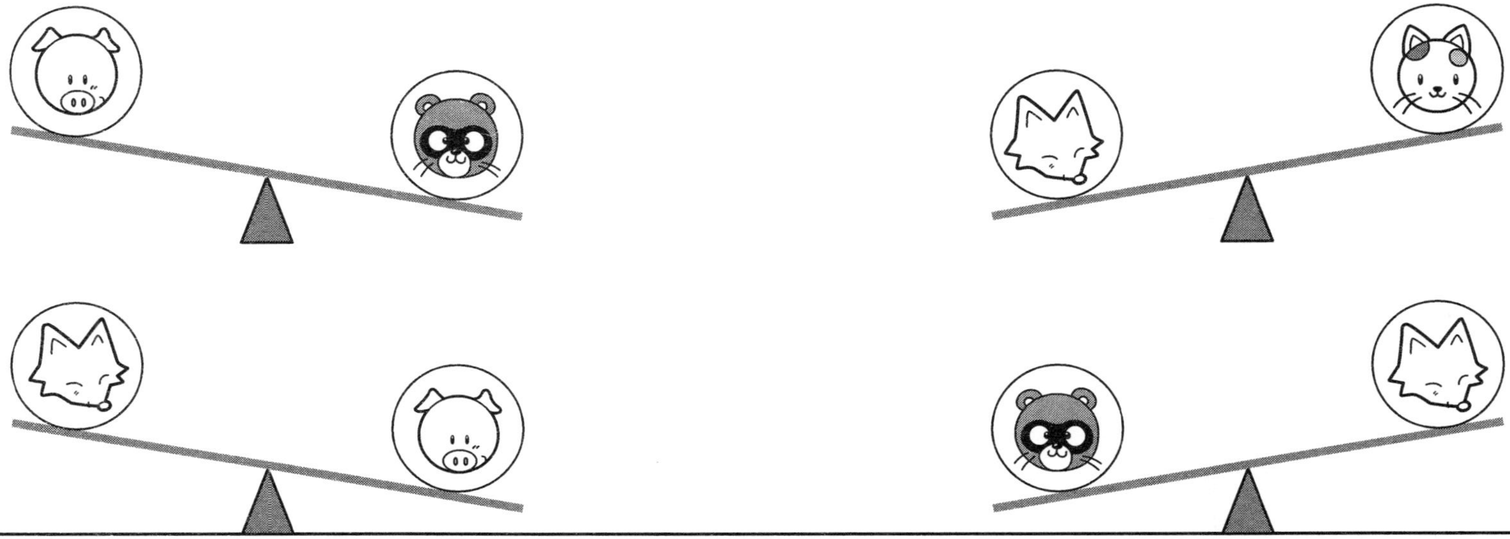

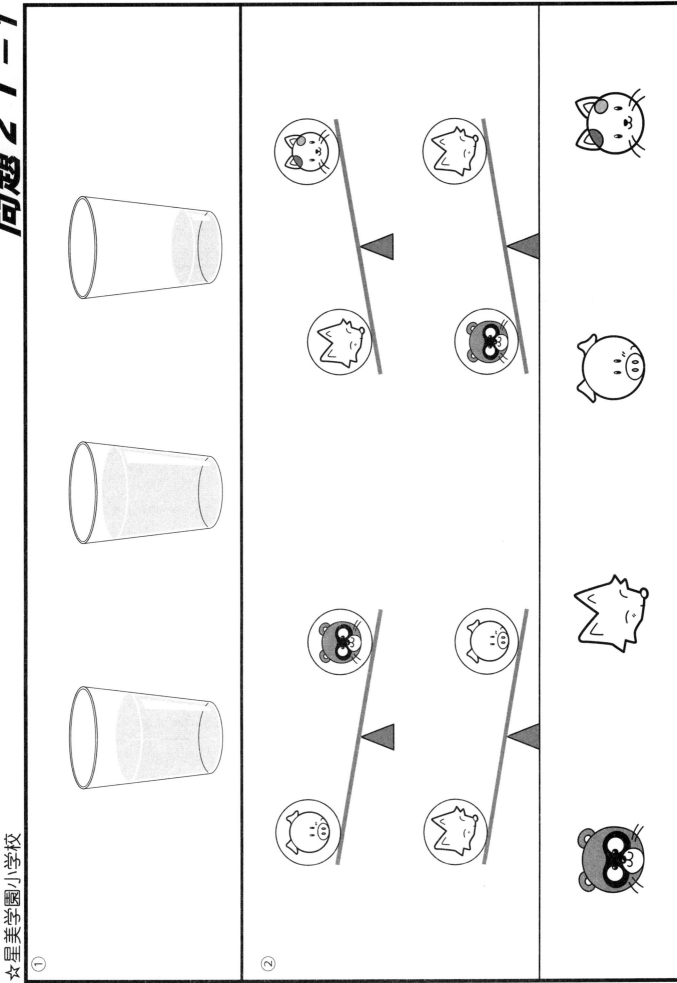

③

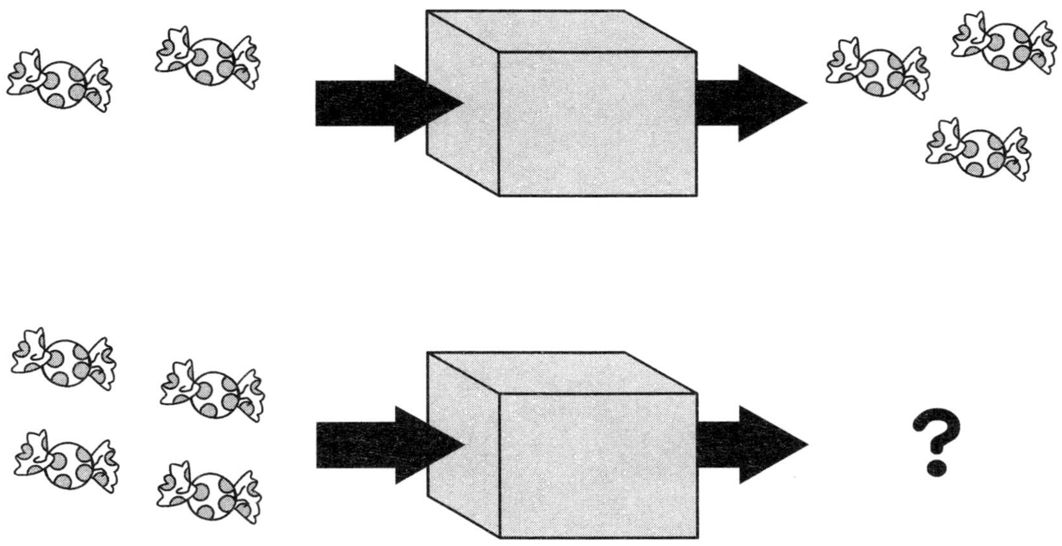

④

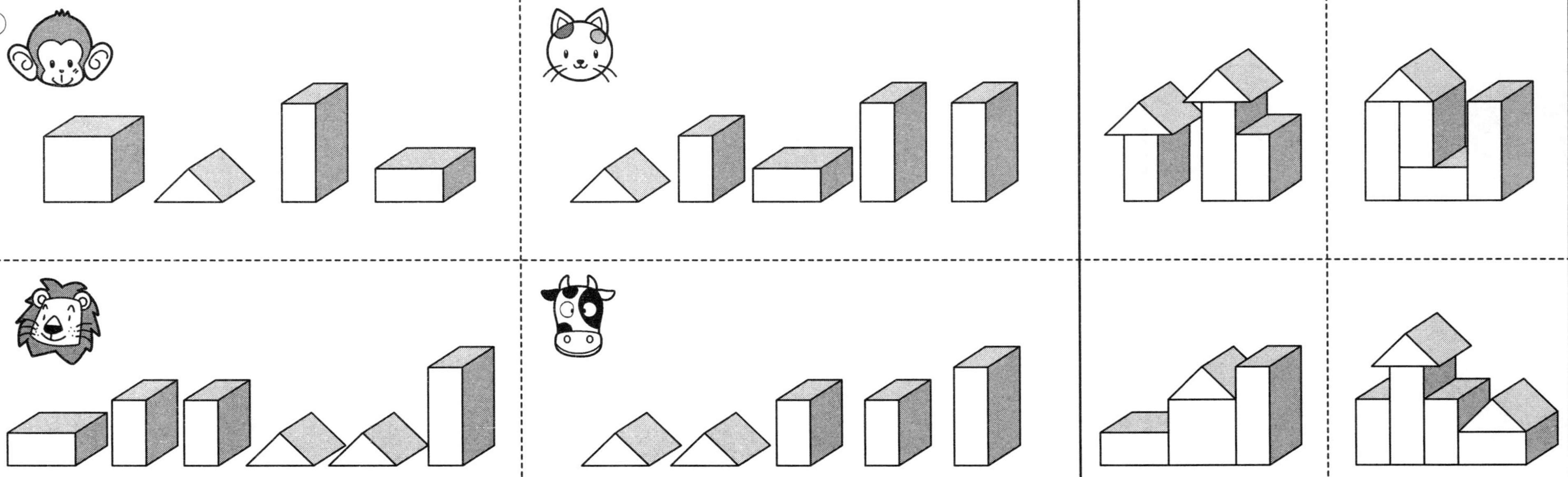

問題２２－１

☆星美学園小学校

①

②

2021年度 星美学園 星美学園 過去 無断複製／転載を禁ずる 日本学習図書株式会社

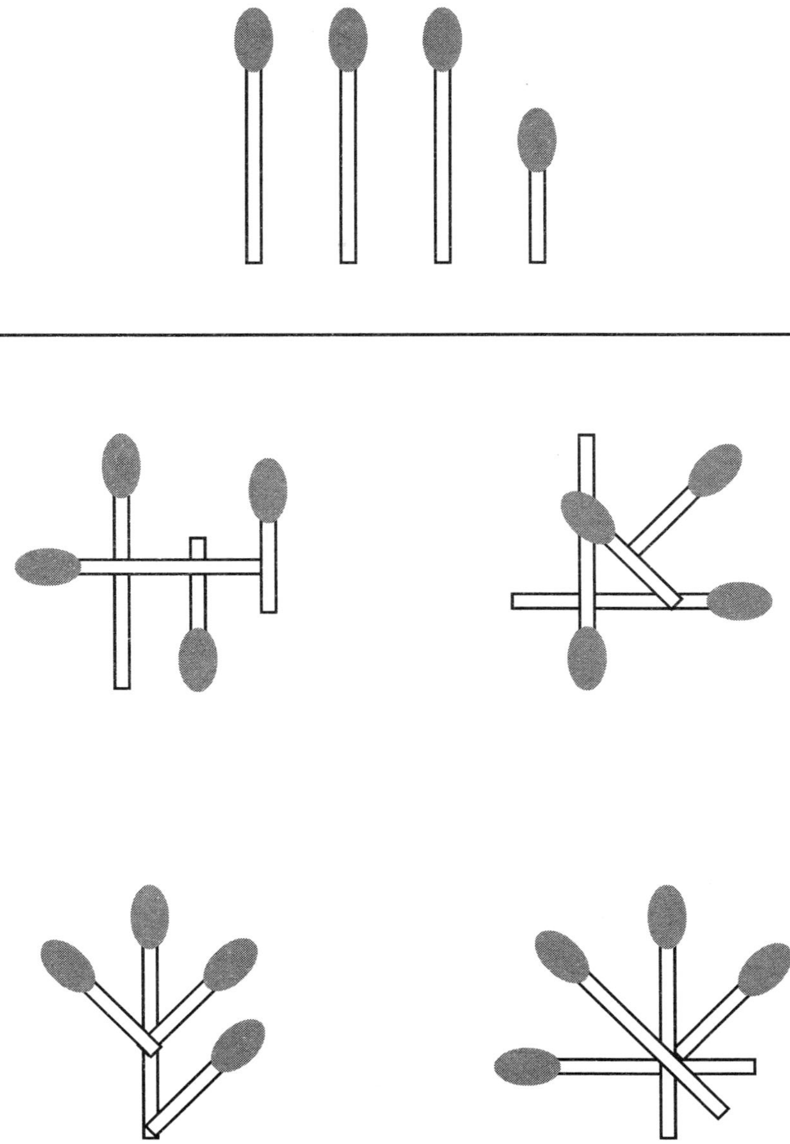

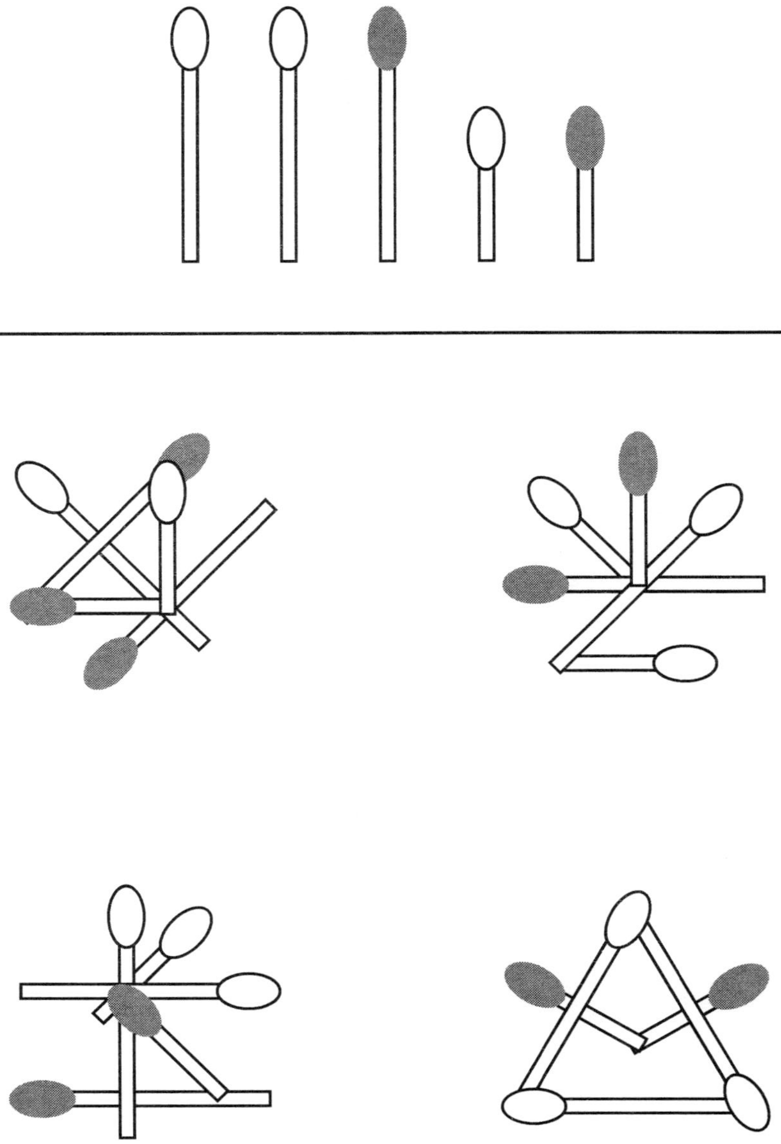

①

②

③

2021年度 星美学園 過去 無断複製／転載を禁ずる　　日本学習図書株式会社

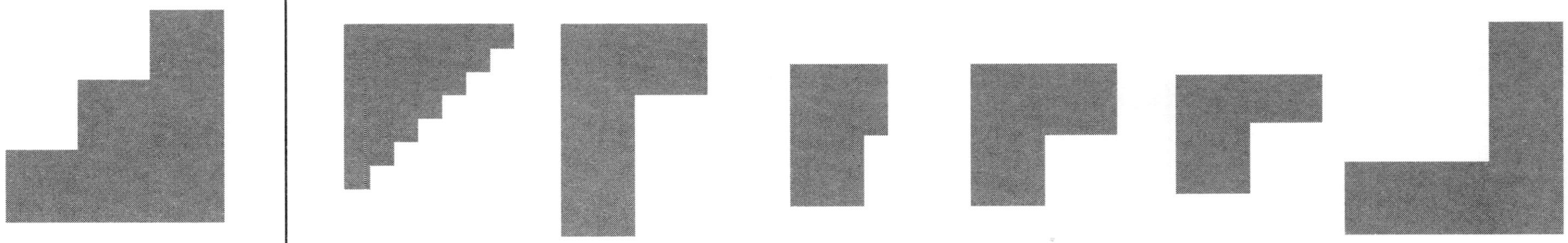

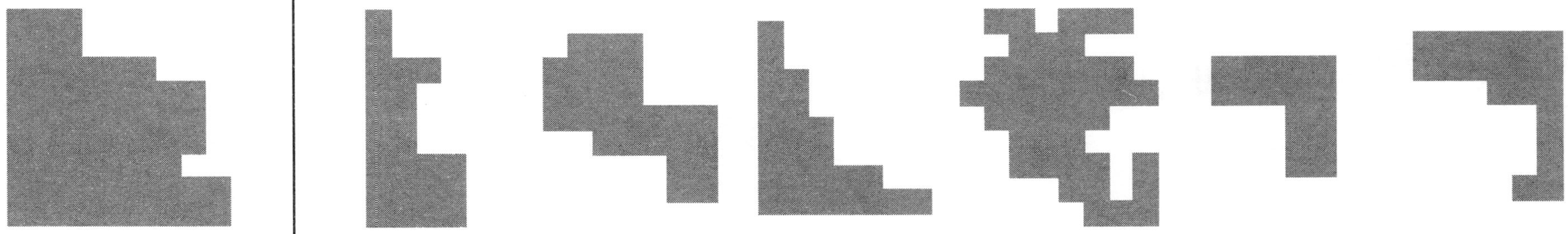

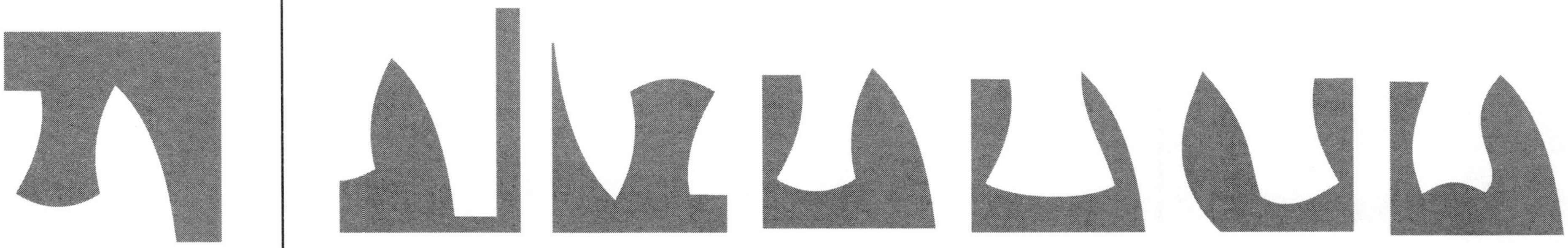

2021年度 星美学園 過去 無断複製／転載を禁ずる

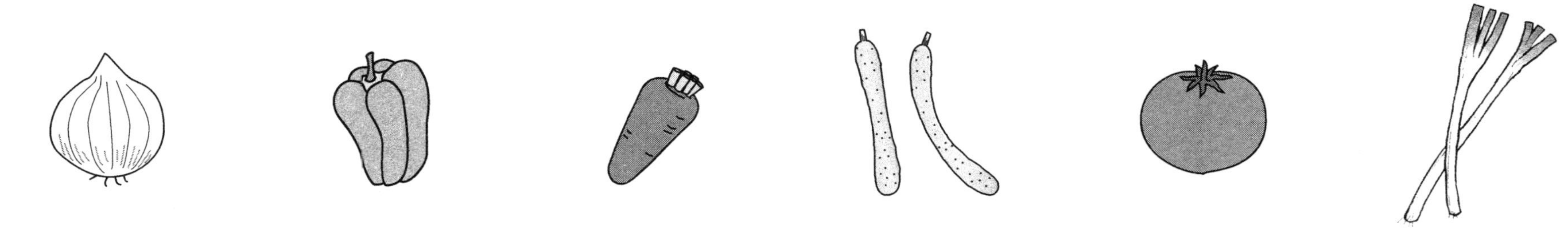

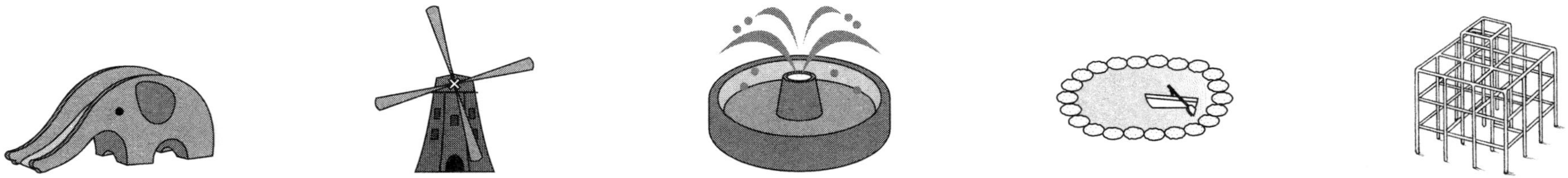

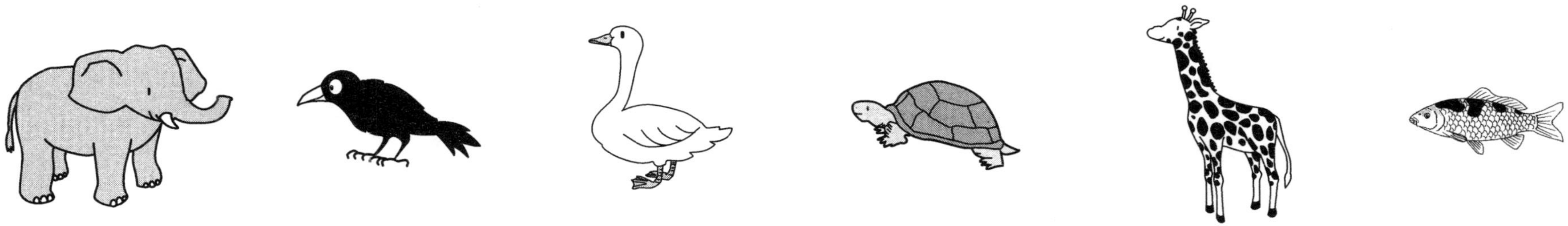

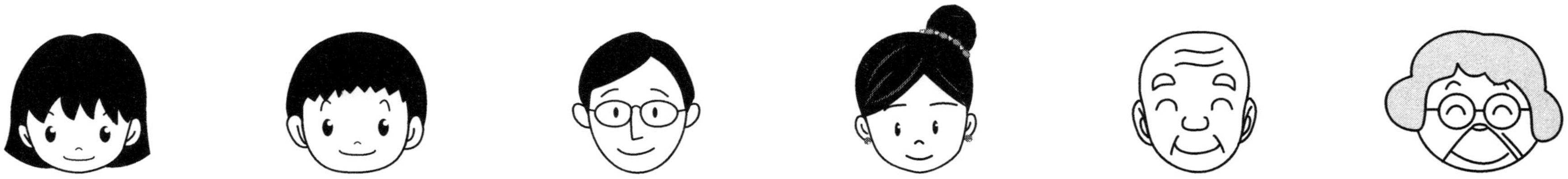

問題24－1

問題２４－２

☆星美学園小学校

2021年度 星美学園 過去 無断複製／転載を禁ずる　　日本学習図書株式会社

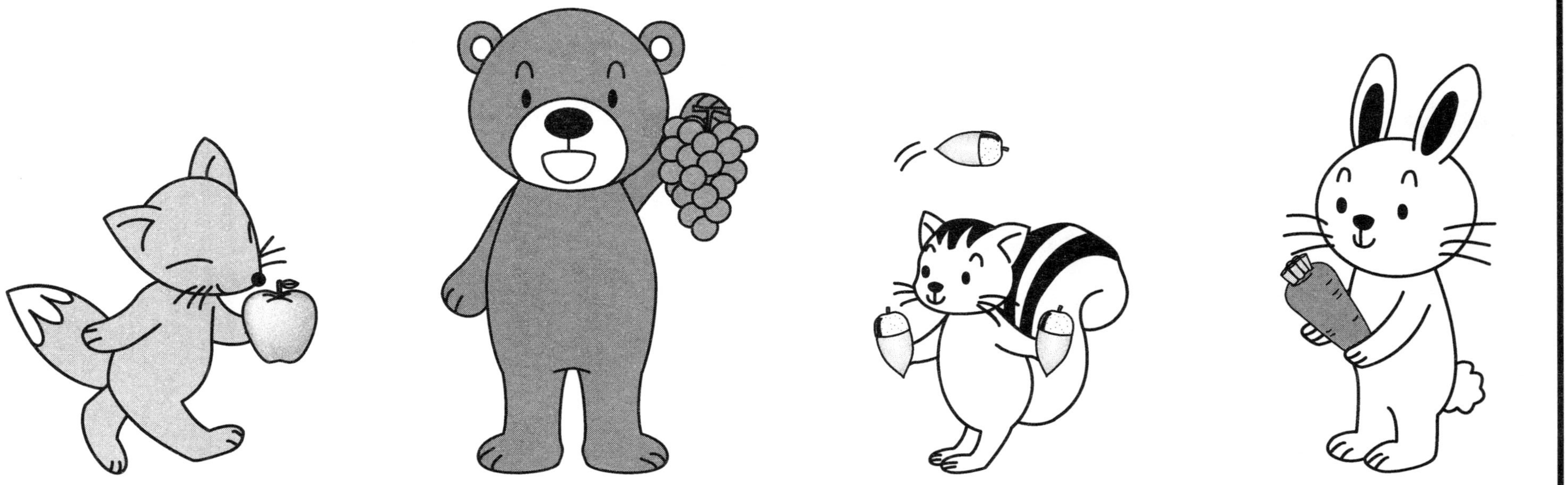

問題２４－４

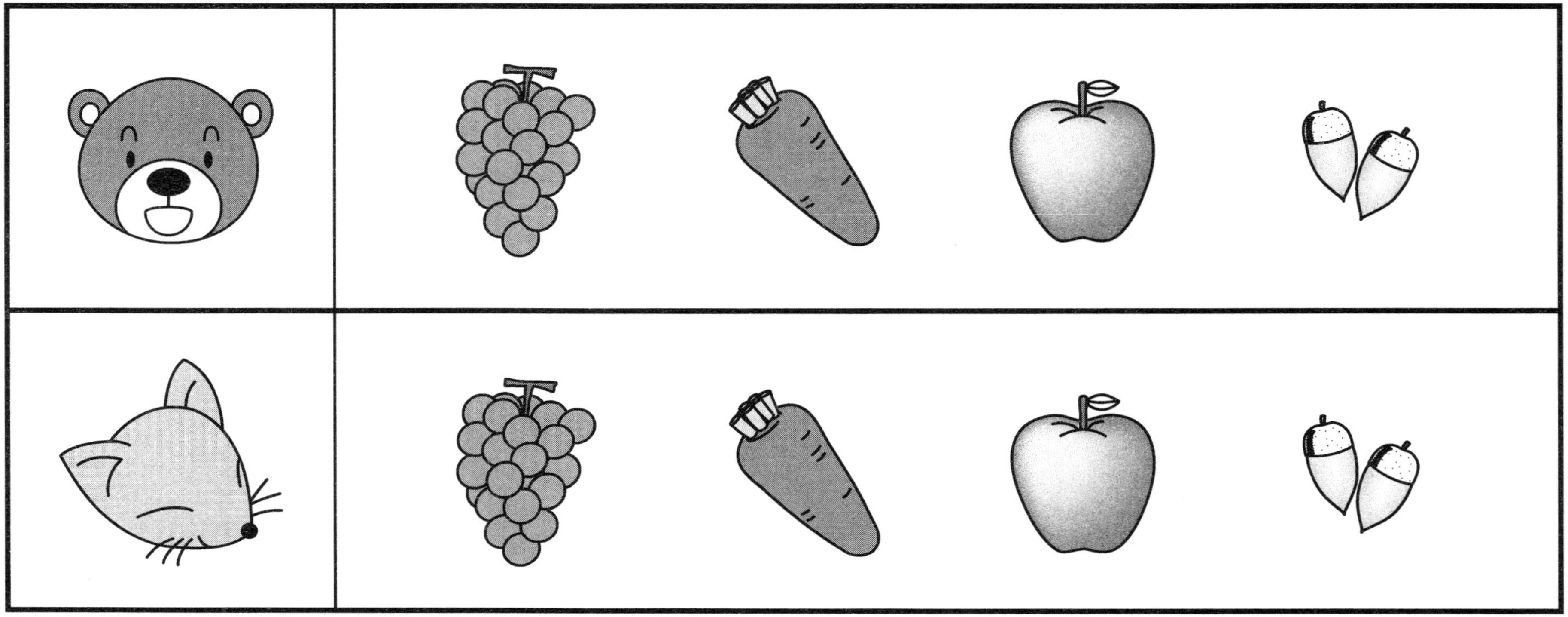

問題25

☆星美学園小学校

①

②

問題２６

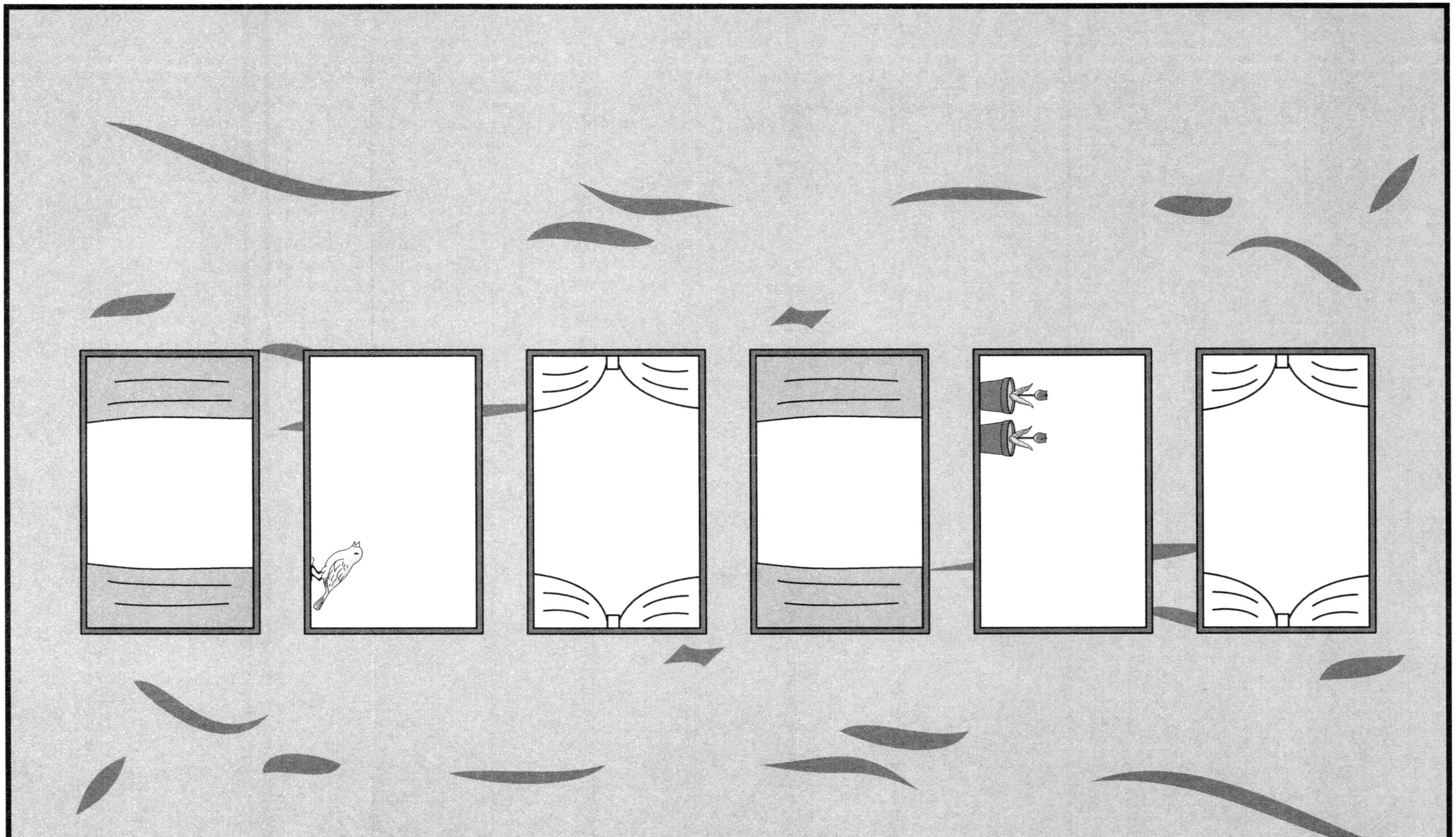

問題２７

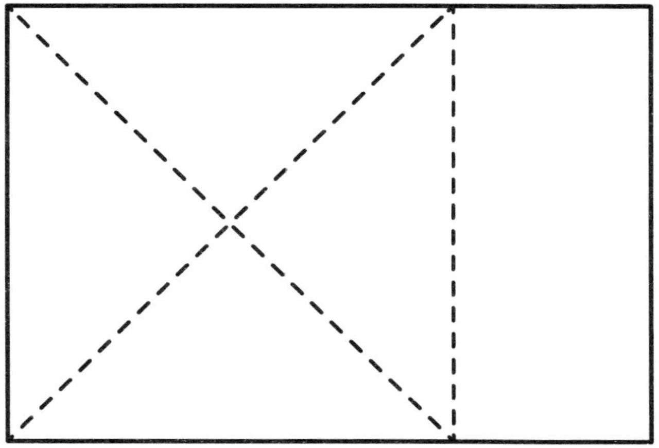

＜準備＞
画用紙の短い方の辺に合わせた正方形、その正方形の対角線になるように、点線を引く。

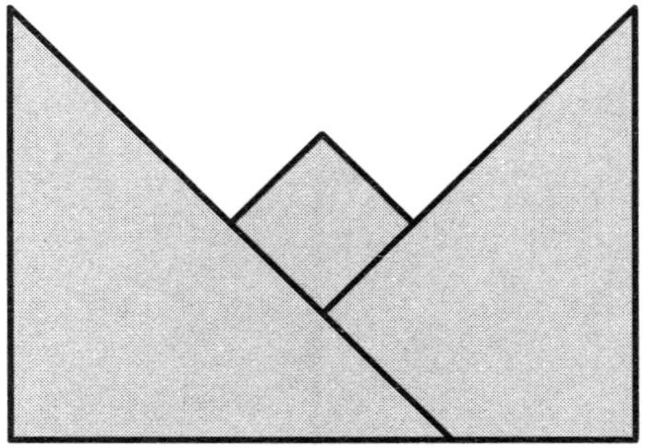

＜見本＞
準備した紙の三角形を３枚使って、図のような形を作り、のりで貼り合わせる。

☆星美学園小学校

2021年度 星美学園 過去　無断複製／転載を禁ずる　日本学習図書株式会社

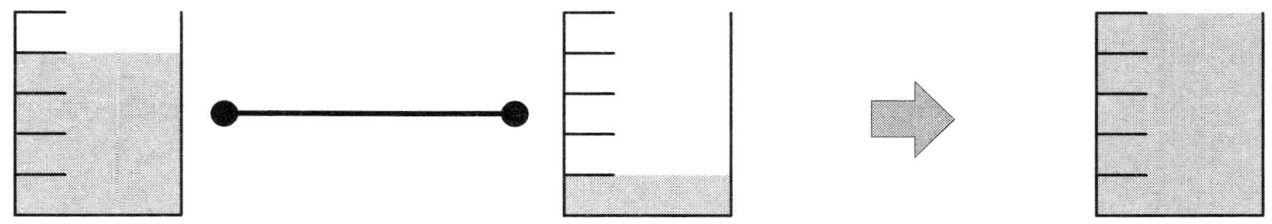

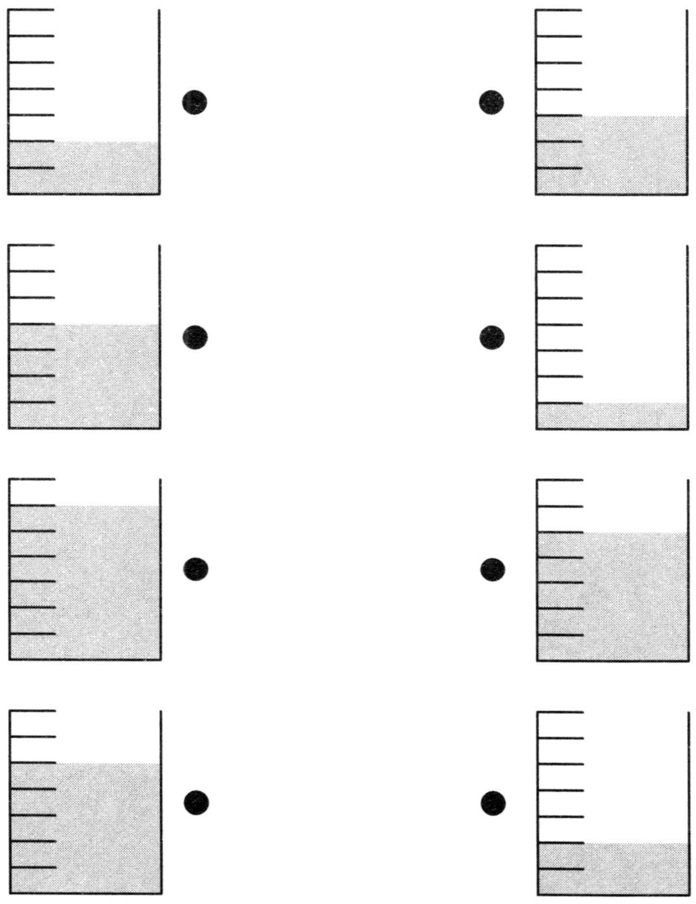

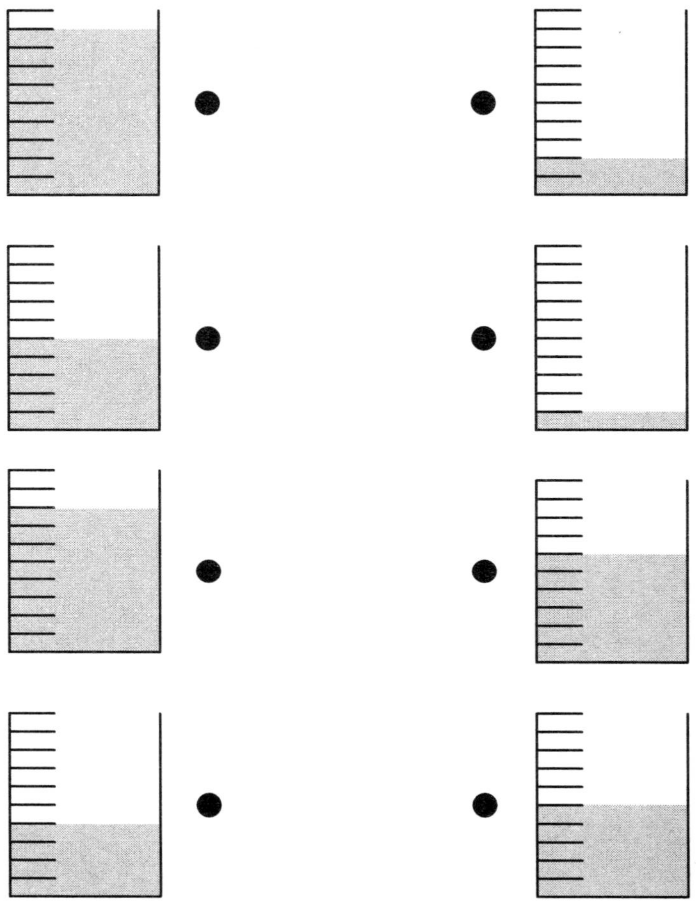

☆星美学園小学校

2021年度 星美学園 過去　無断複製／転載を禁ずる　　日本学習図書株式会社

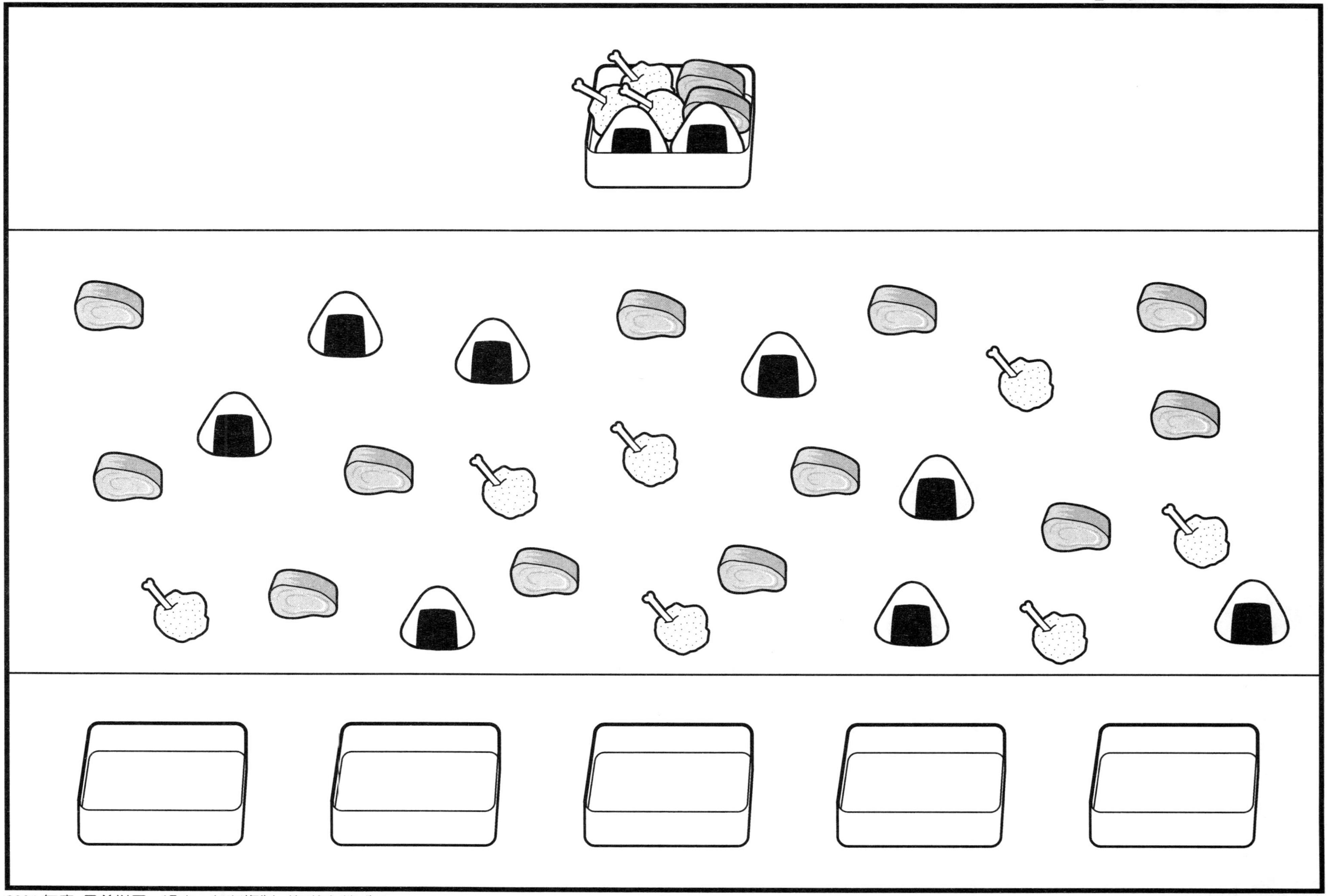

問題３０

①

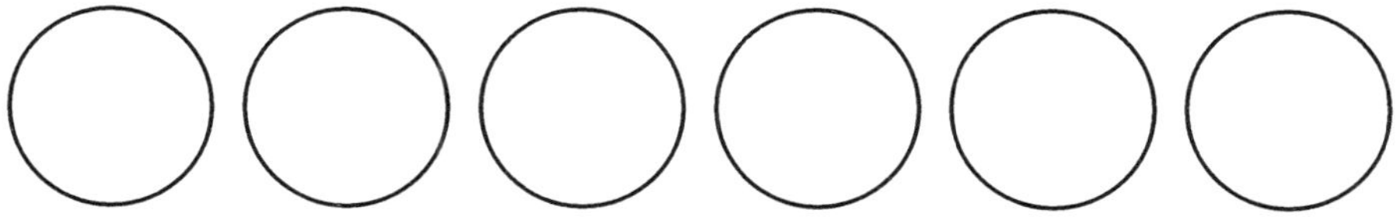

②

問題３１

①

②

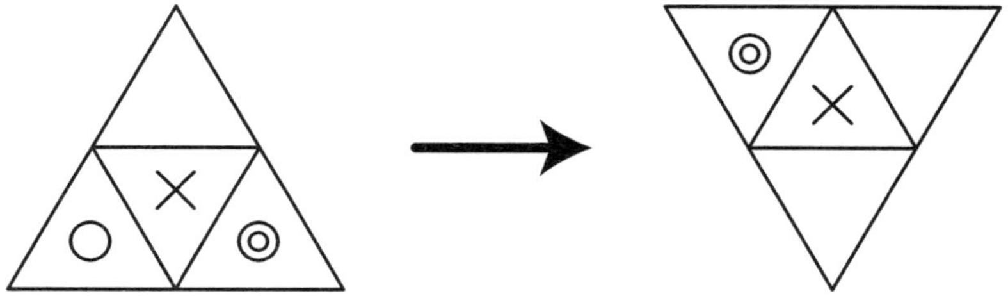

③

④

⑤

⑥

⑦

⑧

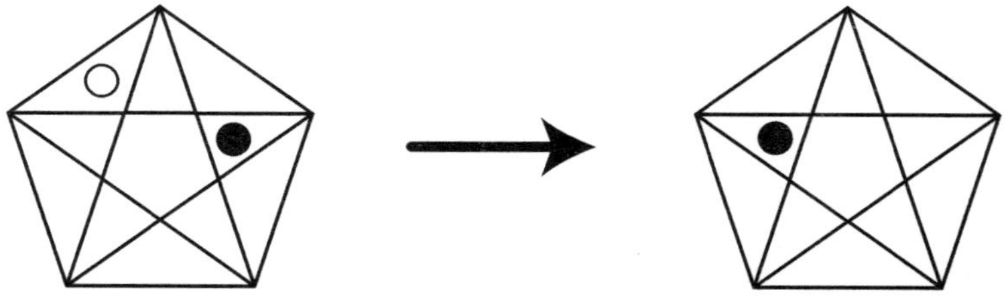

日本学習図書株式会社

問題３２

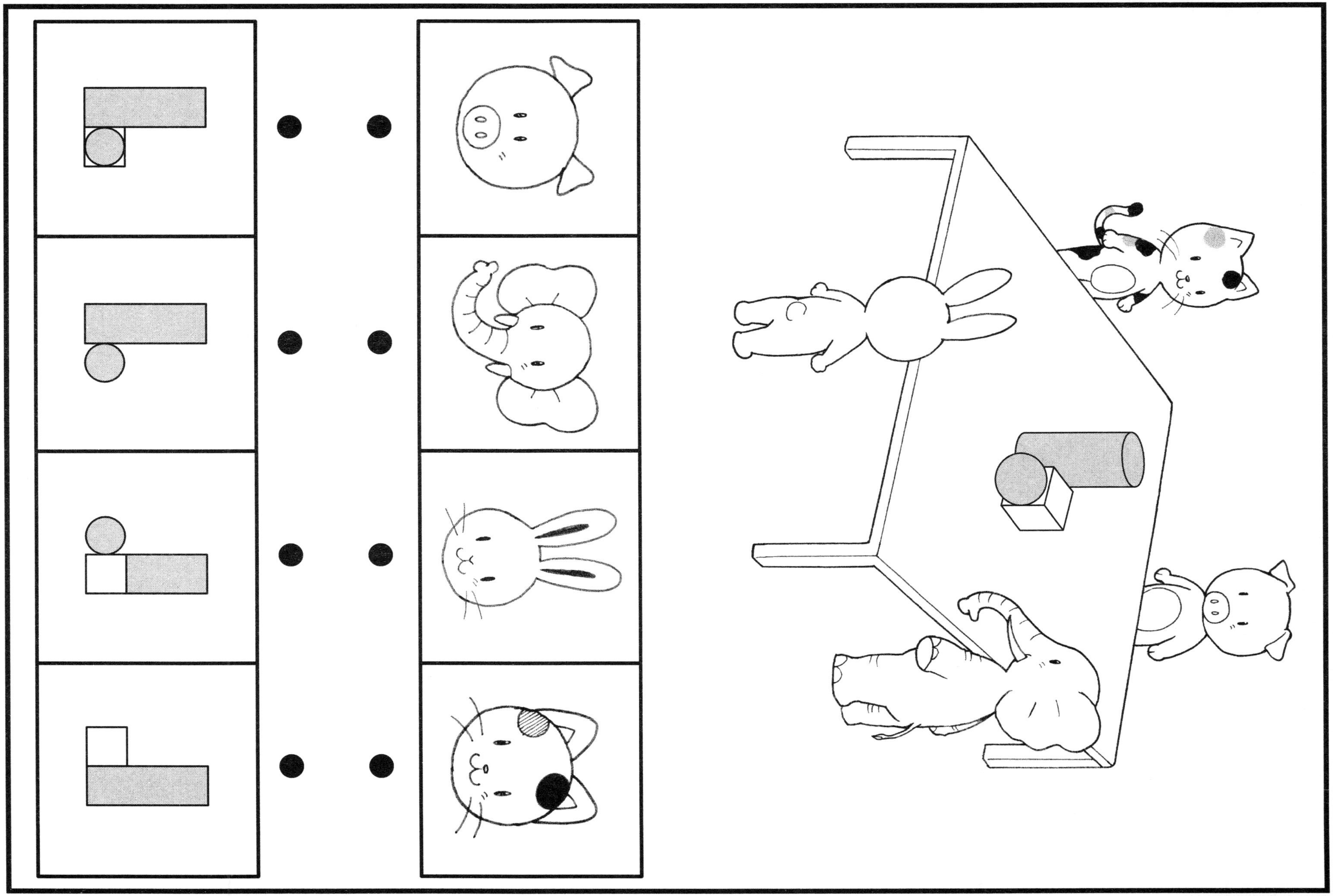

☆星美学園小学校

問題３３

日本学習図書株式会社

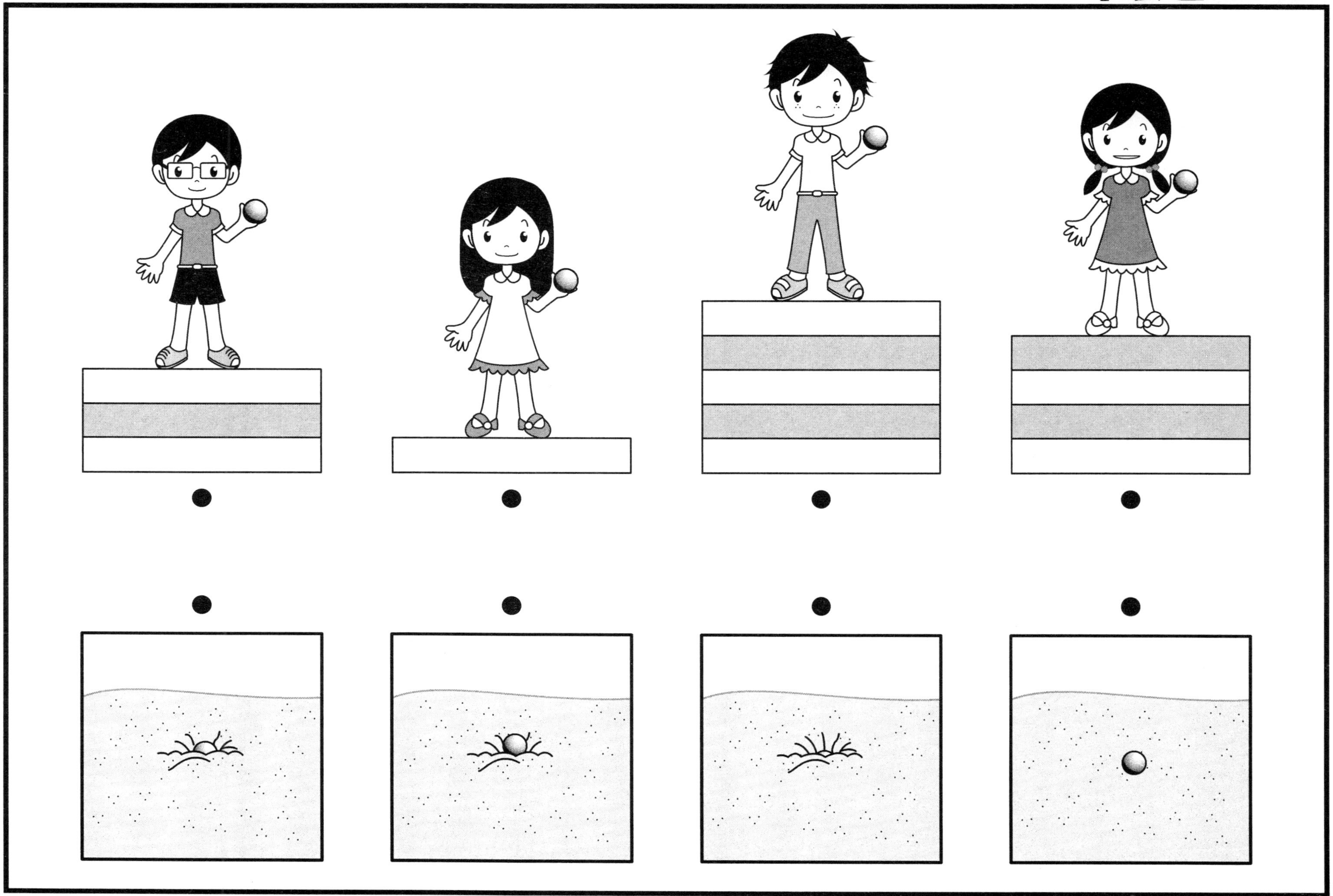

①

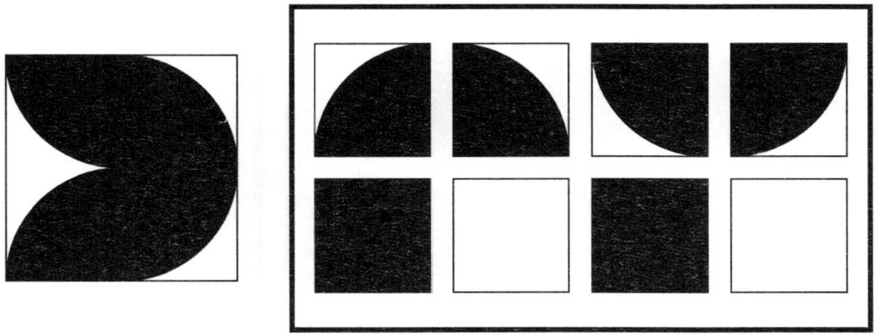

②

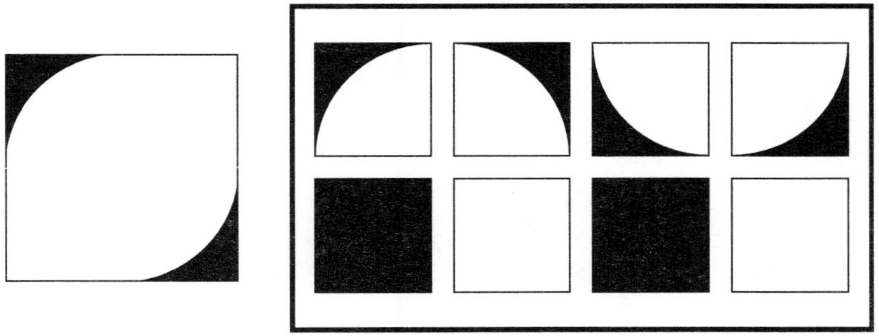

③

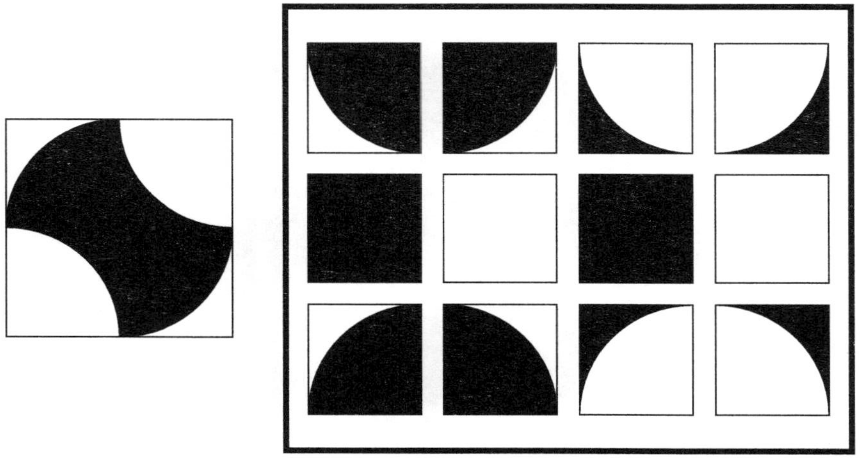

④

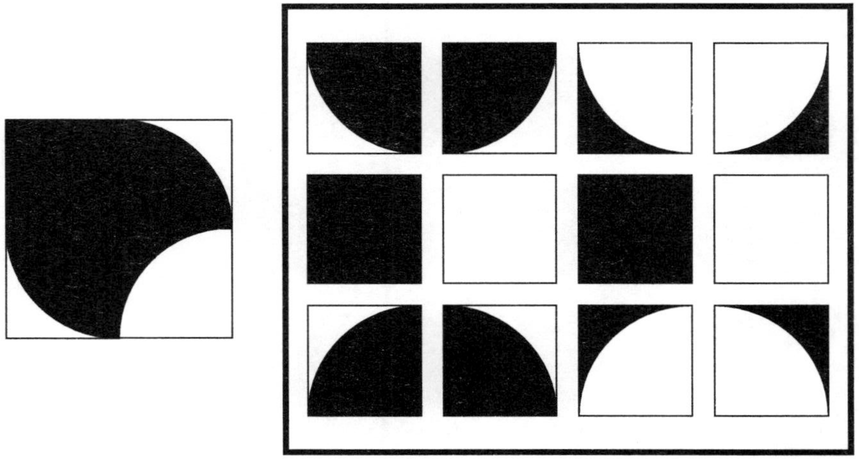

問題 3 6

①

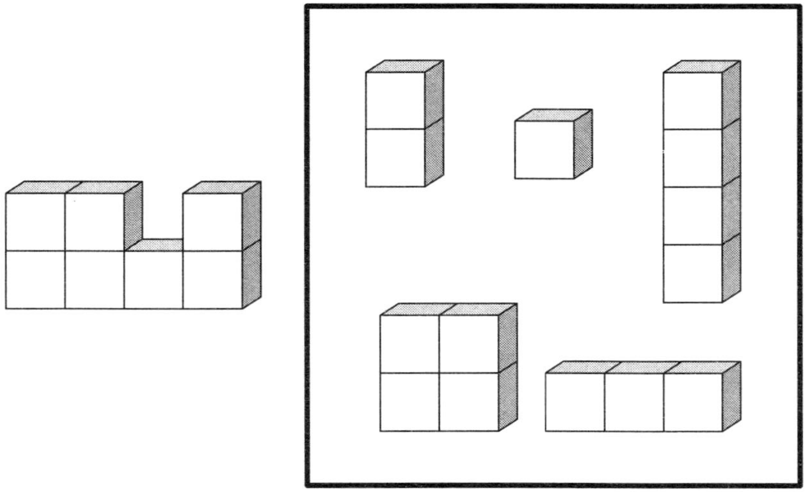

②

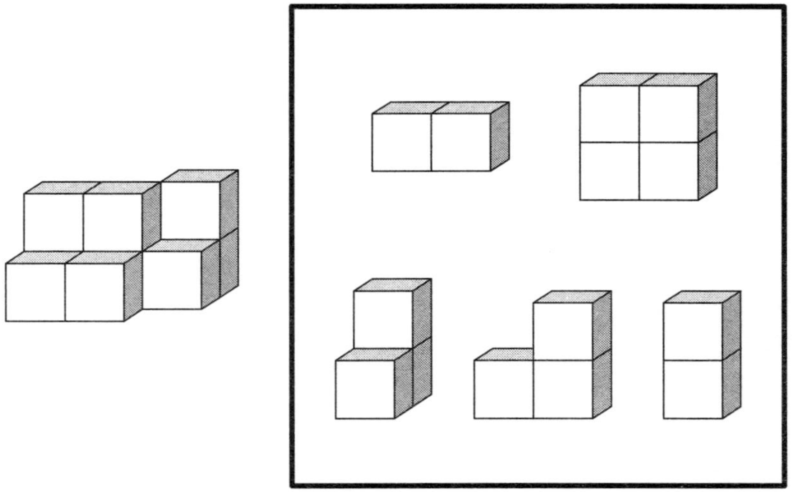

③

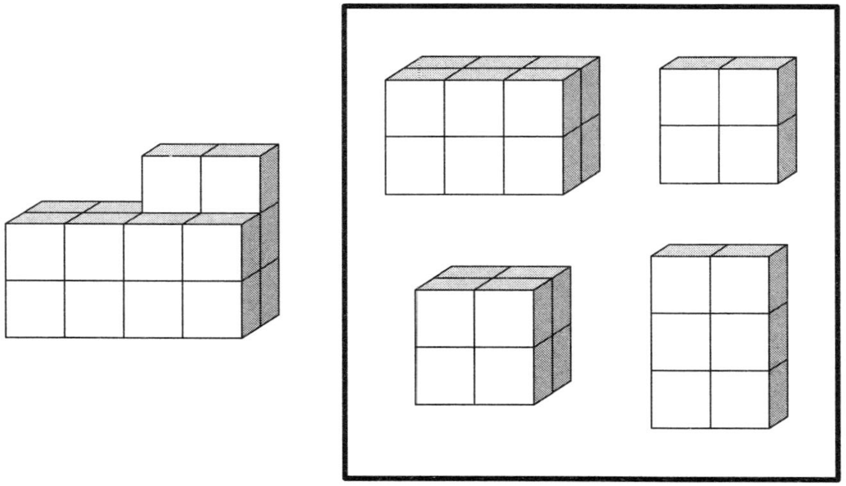

④

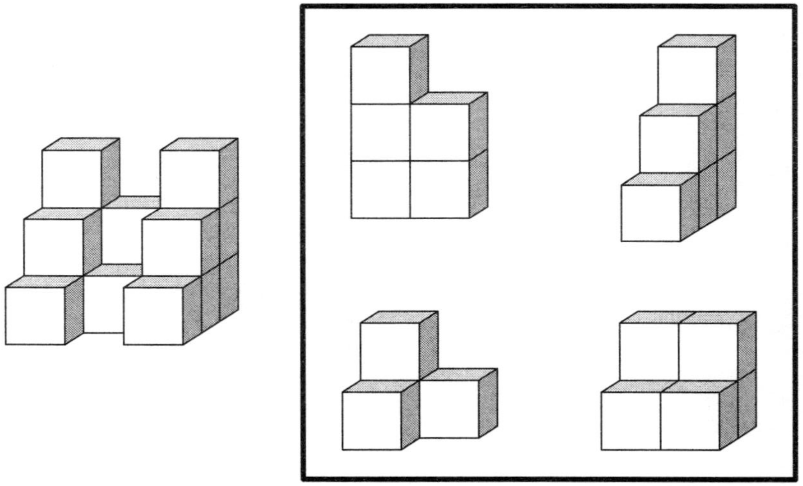

☆星美学園小学校

2021年度 星美学園 過去 無断複製／転載を禁ずる 日本学習図書株式会社

☆星美学園小学校

2021年度　星美学園　過去　無断複製／転載を禁ずる　　日本学習図書株式会社

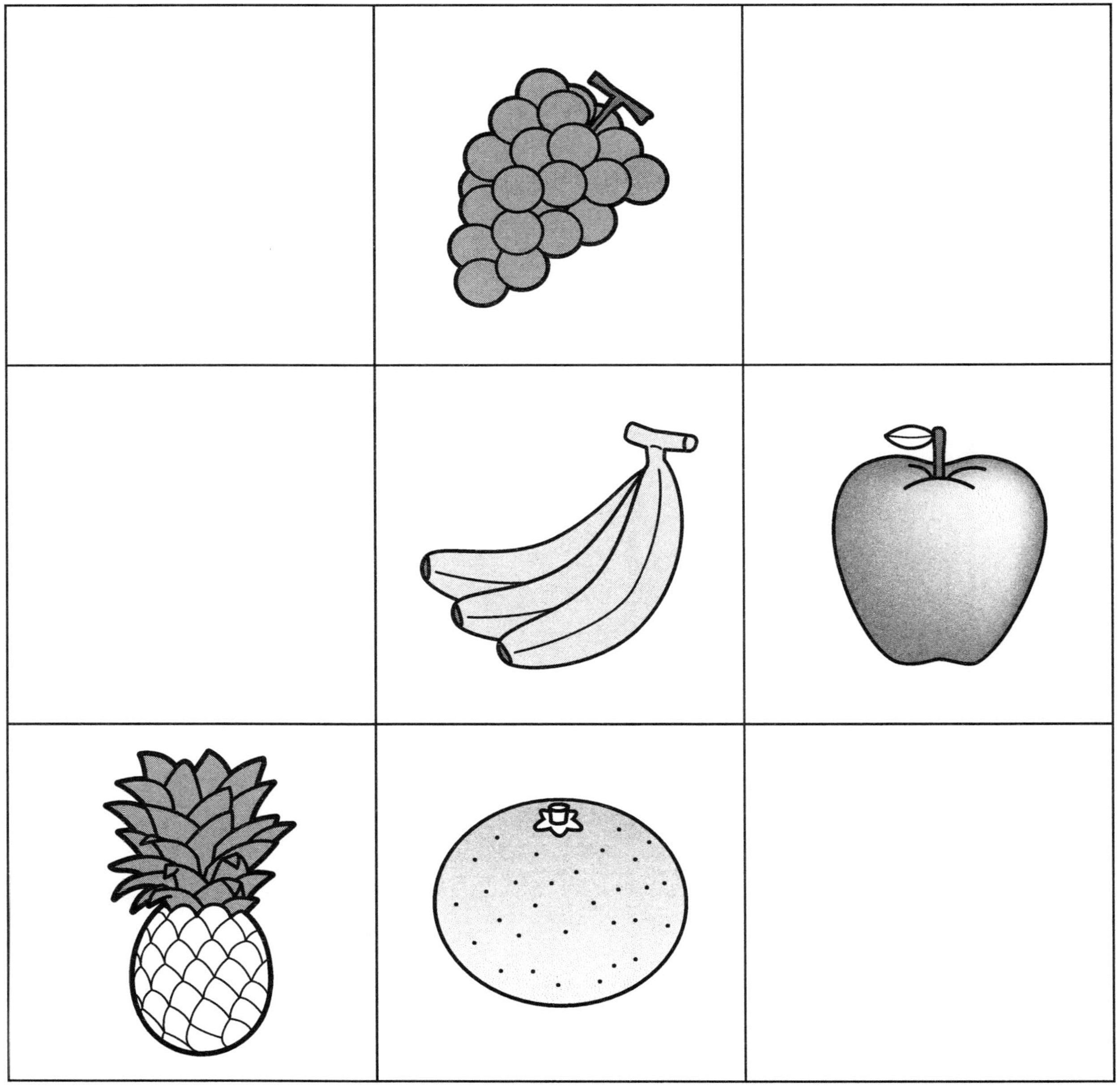

2021 年度　星美学園　過去　無断複製／転載を禁ずる　　日本学習図書株式会社

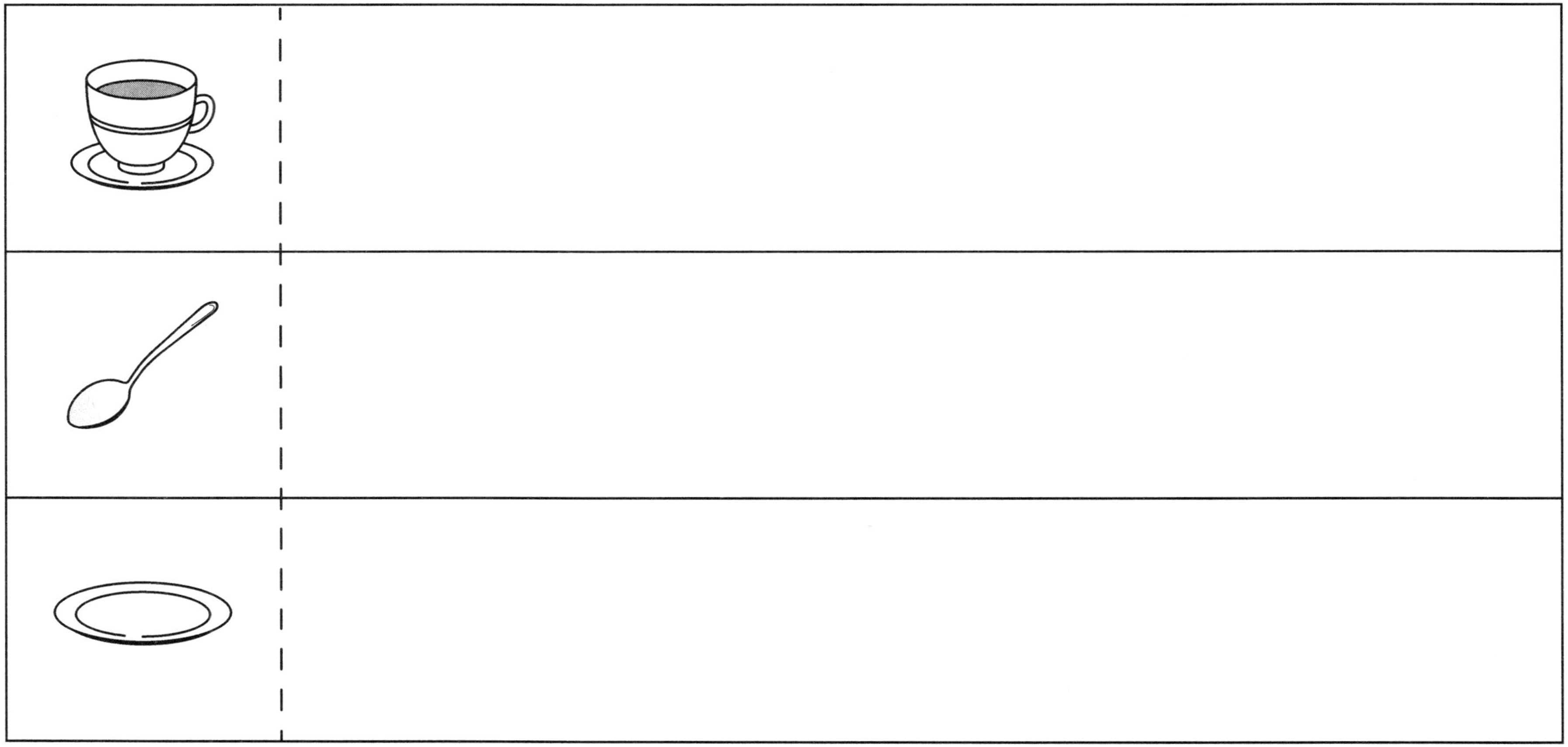

問題37-4

☆星美学園小学校

日本学習図書株式会社

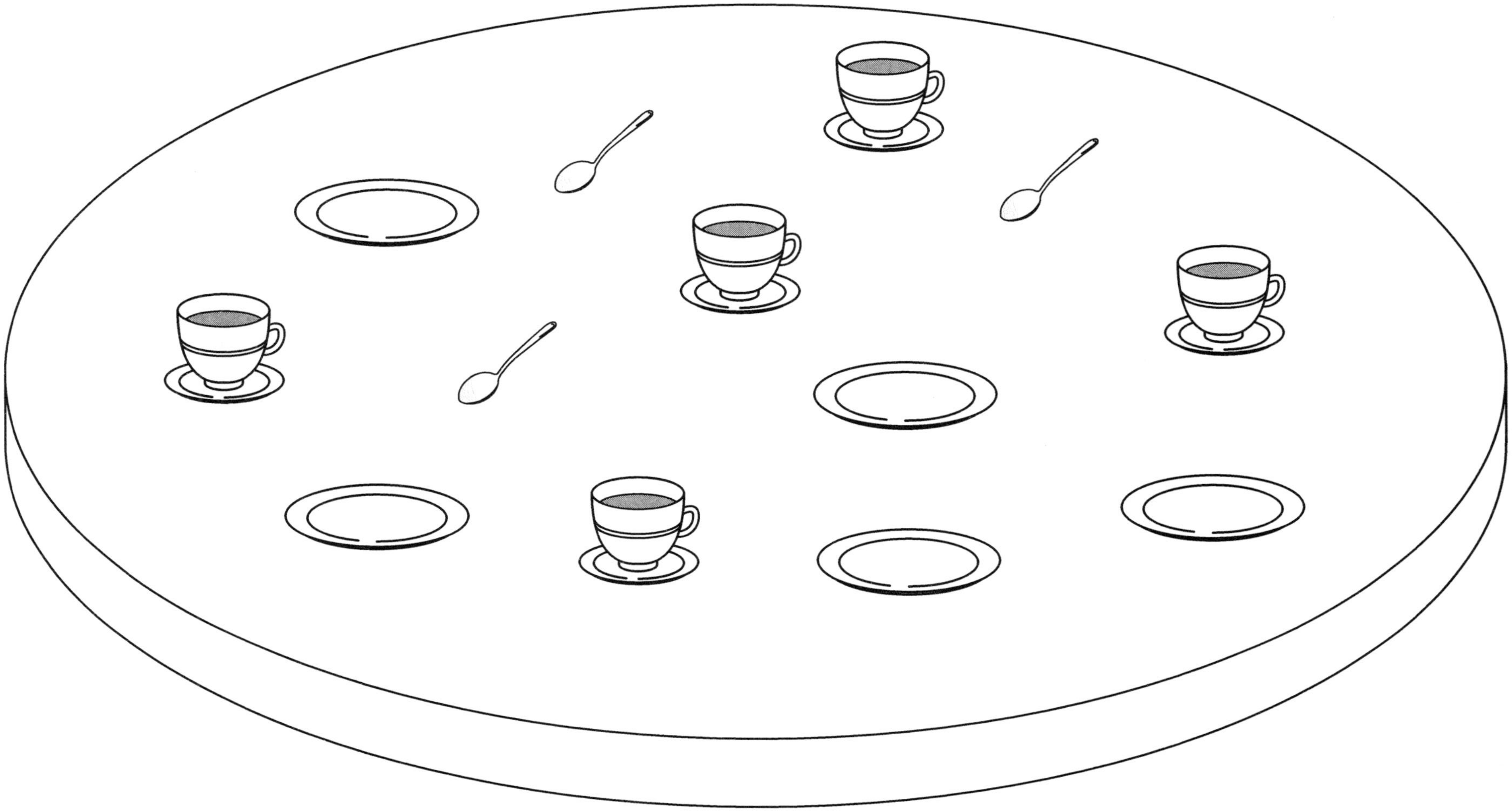

問題38

2021 年度 星美学園 過去 無断複製／転載を禁ずる

日本学習図書株式会社

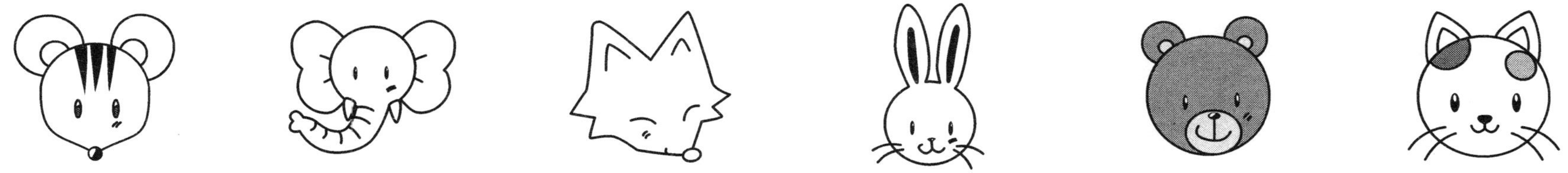

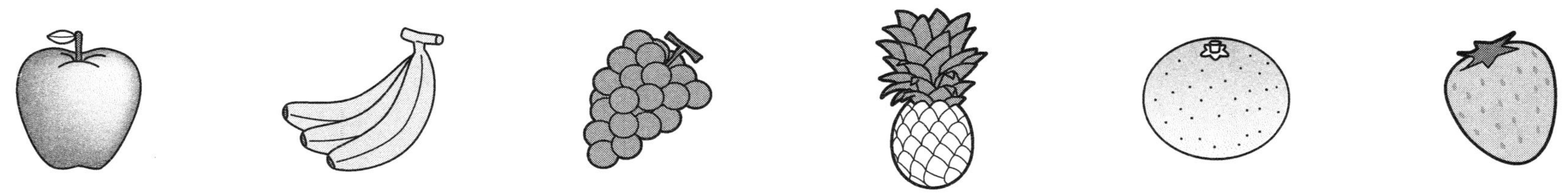

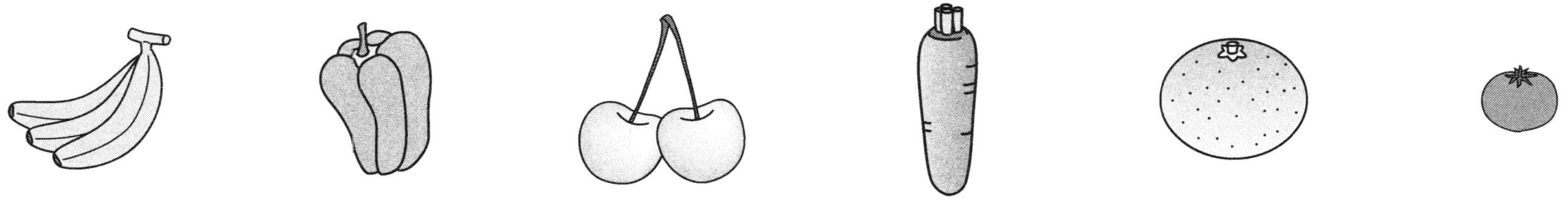

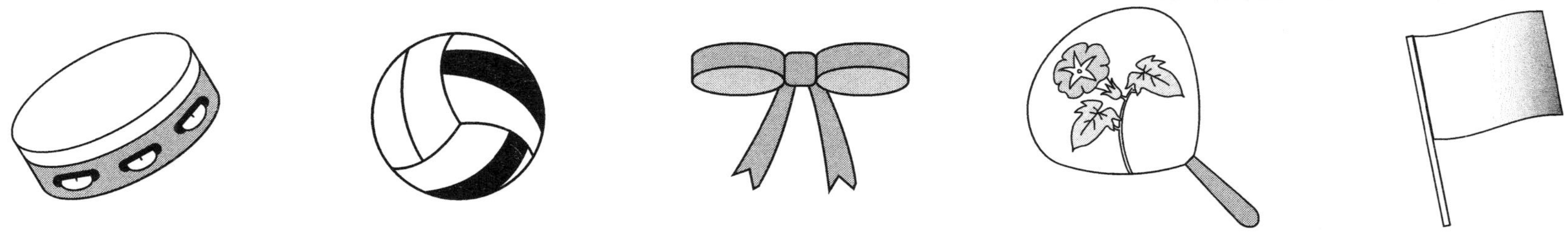

☆星美学園小学校

問題39

①

②

問題40

分野別 小学入試練習帳 ジュニアウォッチャー

1．点・線図形	小学校入試で出題頻度の高い『点・線図形』の模写を、難易度の低いものから段階別に幅広く練習することができるように構成。
2．座標	図形の位置模写という作業を、難易度の低いものから段階別に練習できるように構成。
3．パズル	様々なパズルの問題を難易度の低いものから段階別に練習できるように構成。
4．同図形探し	小学校入試で出題頻度の高い、同図形選びの問題を繰り返し練習できるように構成。
5．回転・展開	図形などを回転、または展開したとき、形がどのように変化するかを学習し、理解を深められるように構成。
6．系列	数、図形などの様々な系列問題を、難易度の低いものから段階別に練習できるように構成。
7．迷路	迷路の問題を繰り返し練習できるように構成。
8．対称	対称に関する問題を４つのテーマに分類し、各テーマごとに問題を段階別に練習できるように構成。
9．合成	図形の合成に関する問題を、難易度の低いものから段階別に練習できるように構成。
10. 四方からの観察	もの（立体）を様々な角度から見て、どのように見えるかを推理する問題を段階別に整理し、１つの形式で複数の問題を練習できるように構成。
11. いろいろな仲間	ものや動物、植物の共通点を見つけ、分類していく問題を中心に構成。
12. 日常生活	日常生活における様々な問題を６つのテーマに分類し、各テーマごとに一つの問題形式で複数の問題を練習できるように構成。
13. 時間の流れ	『時間』に着目し、様々なものごとは、時間が経過するとどのように変化するのかということを学習し、理解できるように構成。
14. 数える	様々なものを『数える』ことから、数の多少の判定やかけ算、わり算の基礎までを練習できるように構成。
15. 比較	比較に関する問題を５つのテーマ（数、高さ、長さ、量、重さ）に分類し、各テーマごとに問題を段階別に練習できるように構成。
16. 積み木	数える対象を積み木に限定した問題集。
17. 言葉の音遊び	言葉の音に関する問題を５つのテーマに分類し、各テーマごとに問題を段階別に練習できるように構成。
18. いろいろな言葉	表現力をより豊かにするいろいろな言葉として、擬態語や擬声語、同音異義語、反意語、数詞を取り上げた問題集。
19. お話の記憶	お話を聴いてその内容を記憶、理解し、設問に答える形式の問題集。
20. 見る記憶・聴く記憶	「見て憶える」「聴いて憶える」という『記憶』分野に特化した問題集。
21. お話作り	いくつかの絵を元にしてお話を作る練習をして、想像力を養うことができるように構成。
22. 想像画	描かれてある形や景色に好きな絵を描くことにより、想像力を養うことができるように構成。
23. 切る・貼る・塗る	小学校入試で出題頻度の高い、はさみやのりなどを用いた巧緻性の問題を繰り返し練習できるように構成。
24• 絵画	小学校入試で出題頻度の高い、お絵かきやぬり絵などクレヨンやクーピーペンを用いた巧緻性の問題を繰り返し練習できるように構成。
25. 生活巧緻性	小学校入試で出題頻度の高い日常生活の様々な場面における巧緻性の問題集。
26. 文字・数字	ひらがなの清音、濁音、拗音、拗長音、促音と１～20までの数字に焦点を絞り、練習できるように構成。
27. 理科	小学校入試で出題頻度が高くなりつつある理科の問題を集めた問題集。
28. 運動	出題頻度の高い運動問題を種目別に分けて構成。
29. 行動観察	項目ごとに問題提起をし、「このような時はどうか、あるいはどう対処するのか」の観点から問いかける形式の問題集。
30. 生活習慣	学校から家庭に提起された問題と思って、一問一問絵を見ながら話し合い、考える形式の問題集。

31. 推理思考	数、量、言語、常識（含理科、一般）など、諸々のジャンルから問題を構成し、近年の小学校入試問題傾向に沿って構成。
32. ブラックボックス	箱や筒の中を通ると、どのようなお約束でどのように変化するかを推理・思考する問題集。
33. シーソー	重さの違うものをシーソーに乗せた時どちらに傾くのか、またどうすればシーソーは釣り合うのかを思考する基礎的な問題集。
34. 季節	様々な行事や植物などを季節別に分類できるように知識をつける問題集。
35. 重ね図形	小学校入試で頻繁に出題されている「図形を重ね合わせてできる形」についての問題を集めました。
36. 同数発見	様々な物を数え「同じ数」を発見し、数の多少の判断や数の認識の基礎を学べるように構成した問題集。
37. 選んで数える	数の学習の基本となる、いろいろなものの数を正しく数える学習を行う問題集。
38. たし算・ひき算１	数字を使わず、たし算とひき算の基礎を身につけるための問題集。
39. たし算・ひき算２	数字を使わず、たし算とひき算の基礎を身につけるための問題集。
40. 数を分ける	数を等しく分ける問題です。等しく分けたときに余りが出るものもあります。
41. 数の構成	ある数がどのような数で構成されているか学んでいきます。
42. 一対多の対応	一対一の対応から、一対多の対応まで、かけ算の考え方の基礎学習を行います。
43. 数のやりとり	あげたり、もらったり、数の変化をしっかりと学びます。
44. 見えない数	指定された条件から数を導き出します。
45. 図形分割	図形の分割に関する問題集。パズルや合成の分野にも通じる様々な問題を集めました。
46. 回転図形	「回転図形」に関する問題集。やさしい問題から始め、いくつかの代表的なパターンから、段階を踏んで学習できるよう編集されています。
47. 座標の移動	「マス目の指示通りに移動する問題」と「指示された数だけ移動する問題」を収録。
48. 鏡図形	鏡で左右反転させた時の見え方を考えます。平面図形から立体図形、文字、絵まで。
49. しりとり	すべての学習の基礎となる「言葉」を学ぶこと、特に「語彙」を増やすことに重点をおき、さまざまなタイプの「しりとり」問題を集めました。
50. 観覧車	観覧車やメリーゴーラウンドなどを舞台にした「回転系列」の問題集。「推理思考」分野の問題ですが、要素として「図形」や「数量」も含みます。
51. 運筆①	鉛筆の持ち方を学び、点線なぞり、お手本を見ながらの模写で、線を引く練習をします。
52. 運筆②	運筆①からさらに発展し、「欠所補完」や「迷路」などを楽しみながら、より複雑な鉛筆運びを習得することを目指します。
53. 四方からの観察 積み木編	積み木を使用した「四方からの観察」に関する問題を練習できるように構成。
54. 図形の構成	見本の図形がどのような部分によって形づくられているかを考えます。
55. 理科②	理科的知識に関する問題を集中して練習する「常識」分野の問題集。
56. マナーとルール	道路や駅、公共の場でのマナー、安全や衛生に関する常識を学べるように構成。
57. 置き換え	さまざまな具体的・抽象的事象を記号で表す「置き換え」の問題を扱います。
58. 比較②	長さ・高さ・体積・数などを数学的な知識を使わず、論理的に推測する「比較」の問題を練習できるように構成。
59. 欠所補完	線と線のつながり、欠けた絵に当てはまるものなどを求める「欠所補完」に取り組める問題集です。
60. 言葉の音（おん）	しりとり、決まった順番の音をつなげるなど、「言葉の音」に関する問題に取り組める練習問題集です。

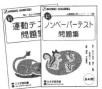

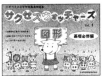

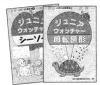

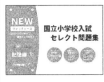

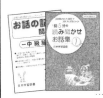

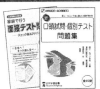

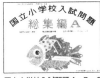

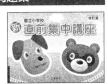

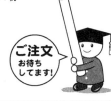

家庭学習をトータルサポート！ ニチガクのオリジナル 効果的 学習法

1 まずは アドバイスページを読む！

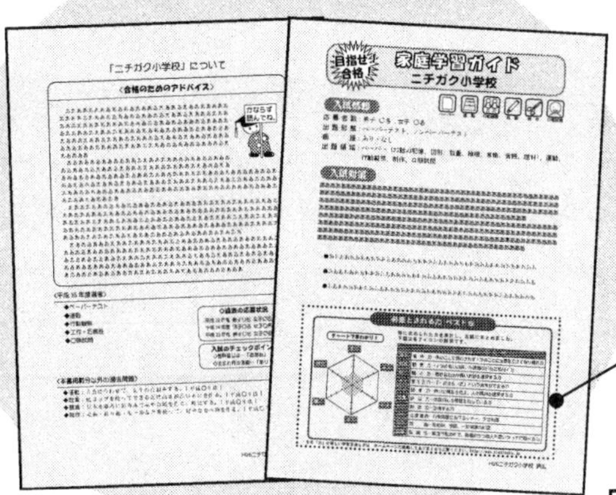

ピンク色です

対策や試験ポイントがぎっしりつまった「家庭学習ガイド」。分析内容やレーダーチャート、分野アイコンで、試験の傾向をおさえよう！

2 問題を全て読み、出題傾向を把握する

3 「学習のポイント」で学校側の観点や問題の解説を熟読

4 初めて過去問題にチャレンジ！

5 プラスα 対策問題集や類題で力を付ける

過去問のこだわり

各問題に求められる「力」

分野だけでなく、各問題の求められる「力」をアイコンで表記！アドバイスページの分析レーダーチャートで力のバランスも把握できる！

各問題のジャンル

問題1 分野：数量（計数） 集中 観察

〈準備〉 クレヨン

〈問題〉 ①虫がたくさんいます。それぞれの虫は何匹いますか。下のそれぞれの絵の右側に、その数だけ緑色のクレヨンで○を書いてください。
②果物が並んでいます。それぞれの果物はいくつありますか。下のそれぞれの絵の右側に、その数だけ赤色のクレヨンで○を書いてください。

〈時間〉 1分

〈解答〉 ①アメンボ…5、カブトムシ…8、カマキリ…11、コオロギ…9
②ブドウ…6、イチゴ…10、バナナ…8、リンゴ…5

出題年度

［2017年度出題］

学習のポイント

①は男子、②は女子で出題されました。1次試験のペーパーテストは、全体的にオーソドックスな内容で、特別に難易度が高い問題ではありません。しかし、解答時間が短く、解き終わらない受験者も多かったようです。本問のような計数問題では、特に根気よく、数え落としがないように進めなければなりません。そのためにも、例えば、左上の虫から右に見ていく、もしくは縦に見ていく、というように、ルールを決めて数えていくこと、また、○や×、△などの印を虫ごとに付けていくことで、数え落としのミスを減らせます。時間は短いため焦りがつきものですが、落ち着いて取り組めるよう、少しずつ練習していきましょう。

【おすすめ問題集】
Jr・ウォッチャー14「数える」、37「選んで数える」

学習のポイント

各問題の解説や学校の観点、指導のポイントなどを教えます。
保護者の方が今日から家庭学習の先生に！

おすすめ対策問題集

分野ごとに対策問題集をご紹介。苦手分野の克服に最適です！
＊専用注文書付き。

2021年度版 星美学園小学校 過去問題集

発行日 2020年3月19日
発行所 〒162-0821 東京都新宿区津久戸町 3-11-9F
日本学習図書株式会社
電 話 03-5261-8951 ㈹

ISBN978-4-7761-5286-6

C6037 ¥2000E

定価 本体2,000円＋税